내 아이가 만날 미래

_____ 님께

준비하는 당신의 미래를 응원합니다.

_____ 드림

무엇을 어떻게 준비할 것인가

내 아이가 만날
미래

정지훈 지음

KOREA.COM

★★★ **추천사**

디지털 네이티브인 우리 아이들의 행복한 미래를 위하여

'무엇을 어떻게 가르칠 것인가'. 우리 사회 모든 분야의 전환점이 될 이 거대한 이슈를 놓고 깊은 성찰을 해 온 정지훈 교수가 마침내 이 책을 통해 '미래와 교육'에 대한 견해를 거침없이 쏟아놓았다. 세계 각국의 다양한 사례를 소개하며 독자들의 이해를 돕는 이 책은 한 문장 한 문장에서 설득의 힘이 느껴진다. 나는 독자들이 저자의 깊은 뜻을 신선하게 만나기 바라는 마음에 본문에 나오는 표현들을 미리 소개하지 않으려 한다. 그러나 "열정을 발견하고 열정에 불을 붙이는 일이 교육이다"라는 이 한 문장만큼은 깊이 공감하며 찬사를 보낸다. 주입식 교육이 판치는 구세대 교육은 새롭게 태어나는 '디지털 네이티브(digital native)'들의 창의력 개발을 철저히 제한한다. 미래를 걱정하고 교육을 고민하는 우리가 깊이 공감할 깨달음을 이 책을 통해 얻길 바란다.

— 김영세, innoDESIGN 대표,《퍼플피플》저자

미래는 아직 오지 않은 내일, 두려운 미래(未來)가 아니라 우리가 창조하는 내일, 아름다운 미래(美來)다. 가만히 앉아서 두려운 미래를 전망하기보다 우리가 원하는 아름다운 미래 사회를 창조해야 한다. 이를 위해 무엇보다 우리 모두가 갈망하는 미래가 무엇인지 정확히 알고 이를 구현하는 창조적 대안을 모색해야 한다. 이 책은 융합을 통해 새로운 가치를 창조해 왔던 저자의 풍부한 지식과 통찰력이 돋보이는 책이다. 앞으로 우리가 직면하게 될 사회와 직업, 그리고 인재와 가치관이 총체적으로 변화되는 미래 사회는 교육 패러다임에서도 지금과는 전혀 다른 총체적 혁명을 요구한다. 이 책은 미래 사회를 창조할 다음 세대들을 위해 무엇을 어떻게 이전과 다른 방법으로 가르치고 배울 것인지, 구체적인 사례와 빛나는 혜안으로 교육적 대안을 제시한 혁명적 작품이 아닐 수 없다. 교육에 남다른 관심과 애정이 있는 모든 학부모와 교육자들의 필독서이자 지침서가 될 것으로 믿어 의심치 않는다.

— 유영만, 한양대 교수,《브리꼴레르》저자

불과 몇 년 전 등장한 아이폰과 모바일 환경으로 인해, 글로벌 경계의 해체 및 산업 영역 간의 융합이 더욱 가속화되고 있다. 초일류 기업이었던 코닥, 모토로라, 노키아의 몰락이 보여 주었던 것처럼, 그동안의 성공 경험과 리더십만으로는 창조적 혁신을 이끌기에 분명 한계가 존재한다. 이 책은 급변하는 환경에서 10년 후, 우리 아이들이 만날 미래 사회, 직업, 가치관 그리고 교육이 변화될 모습을 잘 보여 주고 있다. 저자가 제시한 미래 인재상으로 통섭적 인재, 협업형 인재, 네트워크형 인재론에 깊이 공감한다. 다양한 변화의 키워드들을 통해 아이들을 어떻게 가르쳐야 하는지, 미래에 대한 통찰력과 구체적인 사례를 통해 잘 제시해 주어 반갑다. 미래에 대해 보다 나은 비전과 대안을 찾고, 탐색하고, 실천하는 모든 분들에게 이 책을 권한다.

― 문효은 다음세대재단 대표, 다음커뮤니케이션 부사장

우리는 나의 생각이 다른 사람에게 평가 받는 것을 두려워할 때가 많다. 그래서 나는 아이디어 회의 때 절대 다른 이의 생각을 비판하지 않는다는 규칙을 세워 놓았다. 마음껏 생각을 펼칠 수 있는 환경을 만들면 창조 에너지는 올라가기 때문이다. 미래에는 행복한 아이가 성공한다고 정지훈 교수는 말한다. 마음껏 꿈꾸고 그 꿈을 펼칠 수 있는 환경 속에서 자라야 한다는 것이다. 꿈을 현실로 이루기 위해서는 기초 학문에 대한 지식이 있어야 한다. 이것이 학교 교육이 필요한 이유다. 미래 교육을 이야기하는 지금, 이제 우리의 고민은 필요한 지식을 전달하면서도 어떻게 창의력을 키울 수 있는가가 될 것이다. 이 책에는 그러한 미래 교육을 위해 이뤄지고 있는 다양한 시도와 방법이 담겨 있다. 우리 아이 무엇을 어떻게 가르칠 것인가? 바로 이 책에 고민과 답이 모두 있다. 그래서 이 책은 행복을 위한 책이다. 많은 이들이 꼭 읽었으면 하는 책이다.

― 데니스 홍 로봇공학자, 미국 버지니아텍 교수, 《로봇 다빈치, 꿈을 설계하다》 저자

CONTENTS

- 추천사 · 4
- 프롤로그 | 우리 아이들을 위해 미래를 공부해야 하는 이유 · 10

» PART 1.
우리 아이들이 만날 미래;
18가지 변화 키워드

CHAPTER 1. 미래 사회는 이렇게 달라진다 · 20
    1. 정보화시대에서 개념시대로
    2. ICT기술은 시간과 공간의 제한을 없앤다
    3. ICT환경은 도시를 바꾼다
    4. 자본주의는 종말 대신 변화를 맞는다

CHAPTER 2. 미래 직업은 이렇게 달라진다 · 36
    5. 로봇과 자동화가 인간의 일자리를 빼앗다
    6. 신기술은 새로운 일자리를 만든다
    7. 소비자가 곧 생산자가 되는 프로슈머 사회로의 진입
    8. 하이컨셉·하이터치 시대, 미래의 주역은 인사이트 노동자

CHAPTER 3. 미래 가치관은 이렇게 달라진다 · 55
    9. 부는 행복을 누리는 능력을 빼앗아 간다
    10. 회사 존재의 의미가 달라진다
    11. 실리콘밸리의 젊은 인재들, 새로운 가치관을 찾다
    12. 일이 곧 행복이 되는 굿컴퍼니가 늘고 있다
    13. 인생의 성공에 대한 의미가 달라진다
    14. 나의 '열정과 희망'이 미래 핵심 가치가 아니다

CHAPTER 4. 미래 교육은 이렇게 달라진다 • 76
- 15. 공장형 대중교육 시스템의 변화는 시작됐다
- 16. 변화의 속도를 따라가는 바이럴 교육의 시대다
- 17. 학교와 선생님, 교육의 철학까지 패러다임이 바뀌고 있다
- 18. 미래를 준비하는 부모의 역할이 달라진다

» PART 2.
미래를 지배할 인재;
3가지 유형 & 6가지 조건

CHAPTER 1. 통섭형 인재의 시대:
'한 우물'만 파다가는 우물에 갇힌다 • 88
- 1. 좌뇌와 우뇌를 모두 활용할 수 있는 인재
- 2. '무조건 열심히'가 아니라 '넓고 많이' 보는 시대

CHAPTER 2. 협업형 인재의 시대: '메디치 효과'를 극대화하라 • 96
- 3. 픽사의 교훈 '나는 더 이상 혼자가 아니다'
- 4. 창의성은 사회적 관계와 감성의 결합

CHAPTER 3. 네트워크형 인재의 시대: 쌓지 말고 흐르게 하라 • 103
- 5. 버닝맨의 교훈 '구경꾼은 없다, 모두가 참가자다'
- 6. 네트워크를 통한 연결고리형 인재가 필요하다

» PART 3.
무엇을 가르칠 것인가;
미래 인재를 양육하는 13가지 대안

CHAPTER 1. 놀이와 열정을 연결하는 교육: 노는 아이가 성공한다 • 116
- 1. '놀이'의 반대는 '일'이 아니라 '우울'이다

2. 평가가 창의성을 구속한다
3. 또래집단에서 건강한 소통의 장이 필요하다
4. 열정을 발견하고 열정에 불을 붙이는 것이 교육이다
5. Do It Yourself, 창조적인 교육이 세상을 바꾼다

CHAPTER 2. 게임과 교육의 공생: 게임, 약이 될 수도 있다 • 133
6. 게임과 스마트폰 중독, 차단만이 길은 아니다
7. 게임을 학습에 도입한 혁신 교육이 새 모델이 되다
8. 게임을 대하는 부모들의 시각이 변해야 한다

CHAPTER 3. 기업가 정신 교육: 자신의 앞날을 직접 만들어 가다 • 142
9. 스티브 잡스와 마크 주커버그를 만들어 낸 기업가 정신
10. 25명 초등학생들의 연구 결과가 유명 과학저널에 실리다
11. 인도네시아의 아이들, 배움의 농장에서 길을 찾다

CHAPTER 4. 외국어 교육: 소통을 위한 필요에 의해 습득하라 • 154
12. '글로벌 시티즌십'을 가진 '세계시민'으로 양육하라
13. 동기부여를 통해 자발적으로 공부하게 하라

» PART 4.
어떻게 가르칠 것인가;
미래 교육을 위한 11가지 현실적 제안

CHAPTER 1. 나무가 아닌 숲을 보는 교육 • 162
1. 디지털 네이티브의 사고를 이해하라
2. 단문 세대, 숲과 나무를 같이 보는 균형이 중요하다
3. 문과? 이과? 구분은 없어지고 융합은 빨라진다
4. 루소, 페스탈로치, 프뢰벨, 그리고 존 듀이가 제시한 새로운 교육

CHAPTER 2. 공부도 놀이도 DIY!: 자기주도학습 • 183
5. 학생들이 직접 학교를 만든다면?
6. 디지털 기술이 가져온 교육 혁신은 새 시스템에 담아야 한다

CHAPTER 3. 새로운 미래 학교, 그 실험과 고민 • 192

7. 어떤 곳이 꿈의 학교일까?
8. 100조 원이 투입된 영국의 미래 학교 프로젝트
9. 기존 교육의 종말을 예고한 플로리다의 가상 학교 등장
10. 온라인 교육이 학교를 대체할 수 있을까?
11. 디자인적 사고로 교육을 혁신한 닥터 Z의 버티 카운티 실험

» PART 5.
미래를 위한 부모의 역할;
혁신을 준비하는 7가지 실험

CHAPTER 1. 미래의 혁신을 준비하는 것이 교육의 목적이다 • 212

1. 공장형 학교 교육에 대한 반발 "학교가 창의력을 죽인다"
2. 아이들이 스스로 자신의 이야기를 하게 내버려 두라

CHAPTER 2. 부모 및 친구, 많은 사람이 참여하는 즐거운 교육 • 229

3. 교실에서 현장 체험을 하는 '런츠'
4. 많은 사람의 지혜를 모으는 '위키 프로젝트'
5. 교육과 호기심 두 마리 토끼를 한 번에 '레고 로봇 키트'
6. 힙합을 이용해 과학을 전파하는 '사이언스 지니우스'
7. 스토리로 꿈과 인성을 만드는 '스토리 창의 교육'

○ **에필로그** | 지금의 '정답'이 통하지 않는 미래,
　　　　　　함께 준비해야 한다 • **245**
○ **참고문헌** • **250**

PROLOGUE

우리 아이들을 위해
미래를 공부해야 하는 이유

　미래와 관련한 글을 쓸 때마다 항상 느끼는 것이 있다. 미래를 전망하고 들려주는 것 이상으로 중요한 일이 바로 미래를 대비하고 그에 맞춰 많은 사람들이 행동에 나서도록 만드는 것이라고 말이다. 나는 늘 내 역할에 대해 고민한다. 어떻게 사람들을 움직일 수 있을까? 그동안 많은 기업체에 강의도 나가고, 정부의 정책을 만드는 데에도 관여하며 여러 가지 조언을 하고 기획에도 참여해 보았다. 그러나 미래를 대비하겠다는 마음으로 그들을 바로 움직이게 만드는 것은 쉽지 않았다. 이유는 여러 가지가 있겠지만 무엇보다 미래에 맞춰 무엇인가를 실행하려면 현재의 시스템에 큰 변화를 주거나 부담을 안아야 하는 경우가 많다. 대부분의 경우 이런 당장의 위험에 대해 부담 지기를 주저하기 때문이다.

　하지만 끊임없이 미래에 대한 이야기를 하며 사람들로 하여금 미래의 변화에 대비하도록 유도해야 한다는 의지에는 변함이 없었다. 그러다가 생각이 미친 것이 바로 교육에 대한 것이었다. 미래를 맞이하고 미래에 대처해야 하는 세대는 우리 아이들 세대다. 이들이 가까운 미래 세상의 변화에 대해 파악하고, 그런 시대를 준비하는 교육을 받을 수 있도록 한다면 그것이 가장 현실적으로 미래를 바꾸어 나가는 방안이 될 것이라고 생각했다.

가장 먼저 나의 아이들에게 미래를 대비한 교육법을 적용해 보기로 했다. 그 과정에서 가장 중요했던 것은 내 아내, 아이들의 엄마를 설득하는 일이었다. 아이들의 교육 환경을 나보다 먼저 접하고, 다른 학부형들의 이야기를 들으면서 불안해하고, 실제로 아이들의 교육과 관련한 대부분의 결정을 내리는 것은 아내였기 때문이다. 미래를 준비하는, 기존의 교육법과는 조금 다른 나의 미래 교육에 관한 철학을 아내에게 전하고 설득시키지 못한다면 다른 누구도 가르칠 수 없는 일일 터였다.

다행히 오랜 기간 이야기를 나누면서 아내도 나의 교육 철학에 동의하게 되었고, 이런 공감대를 바탕으로 나의 아이들에게는 한국에서 정규교육을 받으면서도 나름대로 최선을 다해 미래에 대비할 수 있는 역량과 생각을 기르는 교육을 실천할 수 있었다. 이런 현실적인 검증 과정을 거쳤기에 미래를 위한 교육과 관련한 출판 제안을 받았을 때 전혀 망설이지 않고 승낙할 수 있었다.

이 책은 크게 다섯 파트로 나뉘어져 있다.
파트 1에서는 미래학자의 관점에서 앞으로 우리 아이들이 어떤 미래를 만나게 될 것인지에 집중하였다. 18가지 변화의 키워드를 제시했는데, 미래를 알고 사회의 변화를 이해하는 것이 가장 중요하다는 것을 강조했다. 교육이야말로 어느 분야보다 미래지향적이어야 한다는 점을 거듭 전하며 전반적인 사회상과 직업, 가치관과 교육 전반의 변화를 알기 쉽게 정리하였다. 파트 1의 글을 집필하는 데는 필자가 2012년에 교보문고를 통해 출간한 《무엇이 세상을 바꿀 것인가》라는 책의 후반부에 다룬 내용을 일부 수정 인용하거나 업데이트하였다. 이러한 작업을 허락해 준 교보문고 측에 감사의 말을 전한다.
파트 2에서는 이렇게 변화되는 미래에 잘 적응할 수 있는 미래지향적인 인재상을 다루었다. 크게 3가지 유형의 인재상에 초점을 맞추었는데, '통섭형 인재' '협업형 인재' '네트워크형 인재'가 그것이다. 일부에서는 '인재'라는 말이 인간을 지나치게 수단으로 대하는 말이라면서 반감을 표하는 경우도 있는데, 필자 역시 상당 부분 동의하지만 마땅히 대체할 만한 적당한 용어를 찾은 것도 아니어서 폭넓은 의미로 그대로 사용하였다.

파트 3에서는 이런 새로운 유형의 인재를 기르기 위한 방법으로 13가지 대안을 제시하였다. 놀이와 열정을 연결하는 것이나, 게임에 대한 새로운 시각, 기업가 정신과 글로벌 소통을 위한 외국어 교육의 필요성 등에 초점을 맞추었다.

파트 4에서는 미래 교육을 위해 조금은 현실적인 제안을 담았다. 아무리 미래가 바뀐다고 하여도 현실적으로 학교를 중심으로 하는 현재의 교육체계 전체를 갑자기 바꿀 수는 없는 노릇이다. 현재의 학교 중심 교육체계의 현실을 나름 인정하면서, 어떤 새로운 시각을 접목하는 것이 중요한지를 강조하였다. 융합적인 시각과 전체를 파악하는 능력, 그리고 DIY 원리에 입각한 자기주도학습, 그리고 새로운 형태의 미래 학교에 대한 여러 가지 시도에 대해서 소개하였다.

마지막 파트 5는 미래를 위한 부모의 역할에 대한 이야기다. 결국 교육이란 미래의 혁신을 준비하기 위한 것이다. 이를 위해서는 부모들의 생각이 많이 바뀌어야 한다. 또한 가능한 한 많은 사람이 참여하는 즐거운 교육도 중요하다. 이를 위해 다양한 종류의 국내외 교육 실험의 사례도 소개했다. 특히 우리나라에서 필자의 미래 교육과 관련한 철학에 동의하여 자발적으로 기획되어져 몇몇 고등학교의 방과 후 학습의 형태로 제공되면서 좋은 반응을 얻고 있는 새로운 교육 프로그램 '스토리(Stori)'에 대해서도 간단히 소개하였다.

이 책에서 이야기하는 교육이 꽃을 피우려면 사회의 변화가 동반되어야 한다. 물론 쉽지는 않지만 이미 그런 변화의 조짐은 여기저기에서 움트고 있다. 미국의 아마존이나 이베이, 그리고 중국의 알리바바와 같은 곳은 최근 세계적으로 가장 크게 성공한 기업들이지만 기존의 기업이 가지고 있는 성공의 법칙과는 상당히 다른 접근 방법을 선택했다. 이들은 자신들이 가지고 있는 핵심 자원을 공개해 더욱 커다란 생태계를 창조하는 데 성공했다. 이들의 자원과 브랜드를 활용해 작지만 탄탄한 소규모 창업자들이 자신들의 사업을 영위할 수 있게 되었다. 이를 통해 새로운 직업들이 지속적으로 생겨나고 있는데, '플랫폼 기업'이라고 불리는 이러한 기업의 탄생을 시작으로 새로운 형태의 조직, 직업이 무수히 등장하게 될 것이다.

구글의 수석 경제학자인 할 배리언(Hal Varian)은 기술이 개인들의 독특하고 분산된 지식과 만날 때 엄청나게 유용한 기회를 창출할 수 있으며, 더 많은 기회를 만들어 낼 것이라고 말했다. 그러면서 미래는 '마이크로 다국적기업(micromultinationals)의 시대'라고 하였다. 또한 20세기의 다국적기업이 엄청난 고정 비용을 쓰고, 수천 명 이상을 고용하는 매머드급 기업이었으며 그 수가 매우 적었다면, 21세기의 마이크로 다국적기업은 적은 고정 비용과 소수의 직원을 고용하지만 그 수가 수만 개에 이를 것이라고 전망하였다. 그만큼 세계가 하나로 연결되는 데 들어가는 비용이 적어지고, 전 세계를 대상으로 쉽게 협업할 수 있게 되었다는 것이다.

MIT 경영대학 교수인 토머스 멀론(Thomas Malone)은 여기서 한 발더 나아가 미래는 '초전문가 시대(hyperspecialization)'가 될 것이라고 전망했다. 과거에는 일부 기업과 조직이 세계의 리더가 되고 주도하는 시스템이었다면, 미래는 수천만 명의 사람들이 각자 수백만 개 이상의 서로 다른 가치를 창출하는 시장에서 리더가 되고 최고의 전문가가 되는 시대가 된다는 것이다. 이미 그런 변화의 조짐은 여기저기에서 보이고 있다. 그렇다면 이렇게 뻔히 보이는 미래로의 변화에 맞추어 우리의 아이들을 어떻게 교육해야 할까? 이에 대한 해답은 이제부터 이 책을 읽어 나가면서 찾을 수 있을 것이다.

미래 사회의 변화에 대해서는 다양한 시각들이 있다. 변화의 속도도 그 어느 때보다 빠르다. 중요한 것은 이렇게 변하는 미래를 인정하는 데 있다. 교육자의 입장에서 본다면, 우리 부모들이 교육을 받았던 시대의 규칙은 그 이전 시대의 것을 반영하는데, 즉 부모의 부모 세대, 20년 전 세대들의 시스템과 생각을 교육받은 것이다. 지금 교육을 받고 있는 아이들은 또 앞으로 20년이 지나야 사회에서 여러 가지 역할을 맡기 시작할 것이다. 아이들과 부모 세대의 나이차를 30년으로 본다면 그 전후로 20년의 격차가 있으니, 어쩌면 우리와 아이들의 교육 '시차'는 70년에 이를 수도 있다. 아이들에게 70년 묵은 낡고 고루한 지식을 강요할 것인가? 미래에 대해 고민하지 않고 과거 부모 세대의 경험으로 모든 것을 지레짐작하고 밀어붙이는 것이 옳을까? 내 아이를 위한, 우리 아이들이 살아갈 미래에 대한 공부가 필요한 이유가 여기에 있다.

―정지훈

PART 01

우리 아이들이 만날 미래

18가지 변화 키워드

CHAPTER 1.

미래 사회는
이렇게 달라진다

우리는 무수한 SF소설과 영화를 통해 미래의 모습을 상상하고 그려 왔다. 미래는 어떤 모습일까? 어떻게 변하고 어떤 새로운 것이 등장할까? 미래 사회를 알고자 하는 것은 단순히 호기심 때문이 아니다. 미래 세대를 살아갈, 지금의 아이들을 교육할 기성세대의 책임감 때문이다. 미래의 주역이 될 아이들을 교육시키기 위해서는 앞으로 어떤 모습으로 살아갈 것이며 어떤 준비가 필요한지, 어떤 능력을 키워야 하는지 먼저 이해하고 아이들에게 제대로 된 방향성을 알려 주어야 한다.

여기서는 미래를 연구하는 많은 학자들의 이야기를 바탕으로 미래 사회의 변화를 열여덟 가지 키워드로 잡아 보았다. 이를 통해 미래 사회의 큰 그림을 그릴 수 있을 것이다.

1. 정보화시대에서 개념시대로

미래의 인재상과 관련해서는 다니엘 핑크(Daniel Pink)의《새로운 미래가 온다 A Whole New Mind》를 통해 설명할 수 있다. 다니엘 핑크는 예일대학교 법대를 졸업한 재원으로, 미 정계에서 일하다 1995년부터 1997년까지는 앨 고어 전 부통령의 수석 연설문 작성자로 백악관에서 일했다. 그러던 어느 날 건강이 악화되어 휴가를 내고 쉬던 중 세상이 바뀔 것이라는 시대의 흐름을 감지하고 과감하게 사표를 냈다. 이후 그는 저술가 겸 미래학자로 변신해 세계적인 명성을 쌓았다. 앞으로는 조직의 구성원이 아닌 '프리에이전트'의 세상이 올 것이라고 주장하며 그 자신부터 워싱턴에서 아내와 딸들과 함께 프리에이전트의 삶을 직접 실현하기 시작한 것이다. 프리에이전트는 정해진 직장에서 일하는 것이 아니라 원하는 시간과 장소에서 원하는 만큼 알아서 일하는 사람을 말한다.

다니엘 핑크는 자신의 첫 번째 책인《프리에이전트의 시대 Free Agent Nation》에서 이러한 다소 과격한 주장을 하여 많은 비판과 찬사를 동시에 받았는데, 2012년 미국의 고용 부문 통계를 보면 그의 선견지명이 현실로 나타나기 시작했음을 알 수 있다. 미국에서 고용 통계가 수집된 이래 처음으로 파트타임 일자리가 풀타임 일자리를 넘어선 것이다. 이런 현상이 바람직하다는 것이 아니라, 변화의 흐름으로 인식해야 한다는 것이다.

다니엘 핑크는 21세기 이후의 사회를 '개념시대(conceptual age)'라고 정의하였다. 18세기까지 인류 문화의 주를 이루었던 농경사회에서는 사회 안에서 가장 중요한 역할을 한 사람들은 농부였다. 19세기에는 산업혁명이 일어나면서 자본가들이 생산수단을 소유하고 대량생산, 대량유통, 대중매체를 중심으로 하는 산업시대가 펼쳐졌는데 이때에는 공장노동자들이 가장 중요한 역할을 하였다. 20세기 후반에 들어서면서는 컴퓨터와 정보통신기술(Information & Communication Technology, ICT)의 보급으로 정보와 지식이 세계경제의 원동력으로 급속하게 자리 잡게 되는 정보화시대, 지식사회로 접어들었다. 이 시대의 중심은 좌뇌형 재능을 갖춘 지식노동자다. 그렇다면 앞으로의 변화는 어떻게 될 것인가?

다니엘 핑크는 우리 사회가 논리적이고 선형적인 능력, 즉 컴퓨터와 같은 기능에 토대를 둔 정보화시대에서 점차 창의성과 감성, 그리고 거시적 안목이 중시되는 '개념시대'로 이동해 가고 있다고 말한다. 즉 새로운 시대에는 그동안 잘 쓰이지 않던 감성적인 오른쪽 뇌를 계발하여 양쪽 뇌를 잘 활용할 줄 아는 사람들이 사회를 지배할 것이라고 주장한 것이다.

2. ICT기술은 시간과 공간의 제한을 없앤다

미래에는 라이프스타일도 크게 변할 것이다. 특히 ICT기술을 중심으로 한 디지털 세계의 철학과 규칙이 산업시대의 그것과는 전혀 달라질 것이다. 이와 관련하여 MIT의 니콜라스 네그로폰테(Nicholas Negroponte)는 《디지털이다 Being Digital》를 통해 다음과 같이 말하고 있다.

"보스턴의 거실에 앉아 전자 창문을 통해 스위스의 알프스를 바라보며, 젖소의 목에서 울리는 방울 소리를 듣고, 여름날의 건초 냄새를 맡을 수 있다고 상상해 보라. 차를 몰아 시내의 일터로 가는 대신 사무실에 접속하여 전자적으로 업무를 수행할 경우 나의 작업장은 과연 어디인가?"

ICT와 디지털 기술은 장소와 주소의 개념을 점점 더 바꾸어 놓는다. '주소(住所)'는 한자어로 '사는 곳'을 의미한다. 과거에는 물리적으로 거주하는 곳을 의미했지만 이제는 주소의 의미가 확장되었다. 물리적인 공간에서 존재하는 것 이상으로 '비트'로 이루어진 가상의 공간에서 존재하는 시간의 비중이 커져 가고 있으며, 비트의 공간에서 사람들의 소재지를 나타내는 소위 '공간이 없는 공간'이 너무나 자연스러워진 시대다.

디지털 세계의 초창기에는 많은 사람에게 이메일이 보급되면서, 이메일 주소가 자연스럽게 비트의 공간에서의 전통적인 주소 역할을 해 왔다. 이런 경향은 현재까지도 이어지고 있지만, 최근에는 이메일 외에도 그 사람의 존재감을 나타내는 가상의 공간이 더욱 많아지고 있다. 블로그나 홈페이지를 운영하는 사람은 이 가상의 공간을 마음껏 꾸며서 남들에게 보란 듯이 주소를 공개하고 있으며, 대신 이메일은 다소 사적인 공간으로 신뢰할 수 있는 사람들에게만 알려주는 것이 일반적이다. 트위터나 페이스북으로 대변되는 소셜 웹 서비스들의 계정도 인터넷 상에서의 개인을 나타내는 주소라고 할 수 있다.

물론 이러한 가상공간의 주소도 모두 물리적인 위치를 가지고 있다. 나의 개인 이메일 주소는 구글의 데이터센터 어딘가에 위치할 것이며, 트위터나 페이스북의 주소 역시 이들 회사의 클라우드에 위치할 것이다. 그러나 사람들이 접촉하기 위해 이용하는 주소는 구글이나 페이스북, 트위터사의 물리적 주소가 아니다. 사람들은 쇼핑몰에서 여러 매장을 돌아다니듯 브라우저라고 이름 붙여진 자동차를 타고 네트워크를 돌아다닌다. 가상의 주소 체계에 따라 이 서버에서 저 서버로 이동하면서 말이다. 우리가 어디에 있든지 '공간이 없는 나만의 장소'는 모든 사람을 간단히 연결하는 거대한 가상의 공간 체계를 만들었다.

시간의 의미도 과거와는 완전히 달라진다. 전통적인 사회에서는 절대적으로 생산수단과 업무 환경이 갖추어져야 일할 수 있었다. 그러므로 일하는 시간과 쉬는 시간, 그리고 업무 시간과 개인 시간이 명확히 구분되었다. 월요일부터 금요일, 9시부터 6시까지의 일반적인 근무 시간과 출퇴근 시간, 주말이라는 달콤한 휴식 시간과 일 년에 한두 주 정도의 휴가가 있다.

너무나 당연했던 이러한 생활 리듬이 인터넷과 모바일 시대가 되면서 크게 흔들리기 시작했다. 업무와 관련되는 메시지가 개인 메시지와 함께 섞이기 시작했고, 평일 밤이라고 일하지 못하는 상황도 아니다. 주말에도 경우에 따라서는 언제라도 자신이 맡은 일을 할 수 있으며, 당장 만나지 못하더라도 영상을 포함한 다양한 형태의 메시지를 협업하는 이들과 나눌 수 있다.

물론 아직도 일과 시간을 명확하게 구분 짓는 생활 패턴을 가지는 사람도 많다. 전통적인 시간의 가치를 중시하는 사람들은 사무실에 일을 남겨 두려고 한다. 그렇지만 어떤 사람들은 이러한 변화를 자연스럽게 받아들인다. 언제나 네트워크에 접속해서 자신의 능력을 일에 쏟고, 휴식이 필요하면 좋아하는 만화나 동영상을 찾아보거나 음악을 듣는다. 새벽 시간이나 일요일에도 여유가 있고 능률이 오르면 일하고, 주어진 일을 완수한 뒤에는 자유롭게 휴식을 가진다.

이미 우리는 정해진 시간의 경계에서 벗어나 생활할 수 있는 환경을 맞이하기 시작했다. 다만 전통적인 시간의 경계와 장소의 제약을 완전히 극복하는 정책을 기업들이 여러 가지 이유로 적극적으로 받아들이지 않고 있으며, 과거의 습관을 쉽게 바꾸기도 어렵기 때문에 당분간 혼란은 지속될 것이다. 그러나 어쩔 수 없다. 시간 분배와 활용에 대한 패러다임 변화는 이미 시작되었다.

3. ICT환경은 도시를 바꾼다

아무리 인터넷 공간이 확장되고, 가상 세계에서 사람들 간의 네트워크가 연결되며, 기계와의 소통이 원활해진다고 해도 사실 우리의 현실 세계는 직접적인 영향을 받지 않는다. 사회는 기본적으로 물리적인 인프라가 있어야 하고 여기에 기술이 연결되면서 그 가치를 발현하는 법이다.

물리적인 인프라로서 가장 중요한 것은 도시라고 할 수 있다. 미래에는 이러한 도시의 모습도 확 달라진다. 역사적으로 도시는 주로 항구나 강, 그리고 교차로가 있는 교통의 요지를 중심으로 발전해 왔고, 19세기 이후에는 철도가 도시의 인프라로서 중요한 역할을 하였다. 일단 도시가 만들어지면 도시에 사는 사람들은 일하는 곳까지 걸어 다니며 생활했고, 그들이 움직이는 가까운 거리에 생필품을 사고파는 장터가 들어섰다.

대도시의 발전은 제조업이 발달하면서 공장에서 대량생산이 이루어진 것과 연관이 깊다. 철도를 통해 원자재를 공장까지 운송하고, 음식과 연료 등을 도시로 공급하며, 공장에서 만들어진 제품을 도시로 운송해 소비자에게 전달한다. 이 과정에서 각종 쓰레기와 공해가 심해지고 도시의 환경이 나빠지면서, 많은 사람이 철도와 고속도로 등으로 접근 가능한 교외로 이주하였다.

자동차가 일상화되면서 나타난 변화도 크다. 자동차를 소유하면서 좁은 지역에 모든 것이 모여 있을 필요가 없어졌다. 자연스럽게 비즈니스의 일부가 교외로 이전되기 시작하고, 교외에서 살아가는 사람들이 점점 더 늘어났다. 이제 더 이상 사는 곳과 일하는 곳, 그리고 물건을 구매하고 여가를 즐기는 곳이 걸어갈 수 있는 거리에 밀집되지 않아도 된다. 이 과정에서 신도시 같은 새로운 도심들이 만들어지고, 교통 인프라가 구축되었으며, 공장과 사무실 등이 시외로 이전되었다.

최근의 ICT기술은 이런 가장 근본적인 생활패턴에 또 다른 변화를 일으키려고 한다. 굳이 물리적인 만남을 위해 이동할 이유가 점점 줄어들고 있는 것이다. 온라인 쇼핑과 원격 회의, 이메일과 모바일 오피스 등이 많아지면서 얼굴과 얼굴을 확인하는 만남이 꼭 필요하지 않게 되었다.

이런 변화는 사무실 공간이나 물리적인 매장을 건축하거나, 이를 빌려 주거나, 냉난방과 같이 공간을 쾌적하게 유지하고 관리하는 데 많은 비용이 드는 것을 점차 견디기 어렵게 만든다. 우리가 사무실에 가는 것은 다른 사람과 만나서 소통하고, 고객과 상호작용을 하며 일하기 위한 것이고, 매장에 들르는 것은 우리가 필요로 하는 것을 찾고 가격을 알아본 다음에 구매하기 위해서다. 그러나 이제는 이런 목적을 달성하기 위해 굳이 이동할 필요가 없다. 이러한 변화가 확산되면 이와 연관된 산업의 많은 일자리가 줄어들 수밖에 없을 것이다. 인프라와 공간을 만들어 내는 건설업과 같은 산업도 영향을 받을 것이다.

《비트의 도시 City of Bits》라는 책을 쓴 MIT의 윌리엄 미첼(William J.

Mitchell) 교수는 미래의 도시는 다양한 인공 신경시스템과 센서와 디스플레이, 그리고 스마트 기기로 가득한 스마트 빌딩으로 이루어질 것이라고 전망했다. 그렇다면 우리의 삶은 어떻게 될까? 그는 주거지와 일터가 일치된 '생활·일터 주거지'가 일반화되고, 이웃과의 관계가 강화되면서 다양한 사회적 관계가 나타나고, 온·오프라인에서 다양한 만남의 장소가 등장한다고 예측했다. 또 소규모의 분산된 제조 기반이 갖추어지면서 사람들이 먼 거리를 이동할 필요가 줄어들 것이라고도 하였다. 이런 새로운 주거 환경에 대한 연구로 영국에서는 "새로운 지역 공동체(New Community)" 프로젝트를 통해 새로운 집의 형태에 대한 연구가 진행되고 있기도 하다.

이렇게 되면 비싼 차량을 사기보다는 대중교통 이용을 선호할 수밖에 없다. 대부분의 일을 집에서 처리하고, 사무실에는 일주일에 한두 번만 가면 되는데 굳이 차를 소유할 필요가 없는 것이다. 차량 공유 서비스를 이용하거나, 이동하는 동안 편하게 앉아서 스마트 기기를 쓸 수 있는 지하철이나 버스를 타는 것이 훨씬 효율적일 테니 말이다. 이런 변화는 도리어 차량을 멀리하고 걷기 편한 도시 환경을 요구하게 된다. 도로가 중심이 되는 도시가 아니라, 사람들이 바깥에 나와서 돌아다니는 것이 우선인 도시를 원하게 될 것이다.

이는 자연스럽게 도시의 변화를 이끌어 낸다. 사람들이 주거하고, 일하고, 필수품을 쇼핑하며, 식당에서 음식을 사 먹고, 여가를 즐기는 생활의 필요를 걸어 다니는 거리 내에서 해결할 수 있는 곳, 지역 사회 공동체가 복원되는 이러한 곳들이 살기 좋은 곳으로 인정받고 인기를 끌지 않을까? 실제로 최근 미국에서 밀레니엄 세대를 조사한 결과에 따르면 88퍼센트가 레스토랑이나 각종 매장, 그리고 대중교통에 쉽게 접근할 수 있는 곳에서 생활하고 싶다고 답했고, 자동차가 필요하지 않다고 답한 경우가 그 이전 세대의 두 배가 넘었다.

4. 자본주의는 종말 대신 변화를 맞는다

자본주의 사회에서 귀에 못이 박히도록 듣는 이야기는 바로 '경제성'과 '생산성' 아닐까. 모든 것을 돈으로 환산하다 보니 생산자는 원가절감과 효율성을 따지게 되고, 시장에서는 수요자로부터의 매출 확대를 가장 고민하게 된다.

생산성을 증가시키기 위한 다양한 연구와 방법론이 나왔고, 기업에서도 무수한 노력을 기울여 왔다. 시간은 곧 돈이었고, 직원들을 최대한 쥐어짜서 조금이라도 투입량을 줄이는 것이 기업의 불문율이었던 시대였기에 이를 보호하기 위한 다양한 노동관계 법률 등도 나왔다. 따지고 보면 좌우 이데올로기의 분화도 기업의 이윤 동기를 최대한 보호하는 시장의 기능을 극대화하려는 경향과, 생산성을 위해 희생되는 수많은 노동자에 대한 권익 보호와 인간소외 현상에 대한 반발에 의해 태동되었다고 해도 과언은 아닐 것이다.

생산성에 대한 집착이 오늘날의 풍요로움을 가져왔다는 사실은 부정할 수 없다. 보다 적은 사람들이 보다 적은 자원을 가지고 더 많은 산출량을 만들어 냈기에 우리는 인류 역사에서 과거 어느 때보다 풍성한 물질적인 혜택을 누리고 있다. 비록 양극화라는 괴물이 탄생하기는 했지만 말이다.

어쨌든 생산성을 극한으로 밀어붙이다 보니 자연스럽게 여러 문제가 발생하기 시작했다. 가장 큰 문제는 생산성이 지속적으로 증가하면 시장과 경제도 같은 속도로 증가할 것인가에 대한 것이다. 생산성이 증가하는 만큼 시장과 경제가 커진다면 노동자들은 여전히 일자리를 유지할 수 있다. 그러나 실제로는 생산성의 증가가 오히려 일자리를 필요 없게 만든다. 사람의 노동력을 대체할 것들이 등장하기 때문이다.

또 생산성이 증가하는 만큼 경제가 성장하지 못하면 기업은 더 이상 인력이 필요하지 않게 된다. 따라서 강제적인 재배치 없이 시장에 의존하는 한에는 총량적으로 보았을 때 필요노동시간이 자연스럽게 줄어들게 된다. 지금까지는 대부분의 국가들이 성장전략을 선택했다. 생산성과 시장과 경제가 확대되는 게임의 룰에 의해 과소비를 우려할 정도로 풍요로운 삶을 누리고, 일자리 유지와 시장체제가 칭송받는 평화로운 수십 년을 보냈다. 그런데 최근 이런 평화체제가 붕괴될 조짐이 명확해지고 있다.

전 세계를 강타한 금융위기는 거품의 붕괴에 의한 것이었다. 표면적으로는 부동산을 포함한 자산의 거품과 글로벌 금융기관의 도덕적 해이 등을 이야기하지만, 보다 근본적인 측면에서는 원래 그렇게까지 성장할 수 없는 것을 성장시키게 만든 사회적 압력 때문이다.

여기에 과도한 생산성으로 인해 낭비된 지구의 자원이 슬슬 바닥을 드러내기 시작하면서(정확히는 절대적인 바닥이라기보다는 소모 속도가 지나치게 빨라서, 지구의 재생 능력을 지나치게 훼손하기 시작했다는 것이 옳겠다) 석유를 비롯한 다양한 자원의 가격이 가파르게 오르고, 과도한 성장 일변도의 패러다임이 지구의 기후변화와 삼림 훼손, 생태계 다양성까지 해치는 상황이 벌어졌다. 이제 '성장'과 '생산성'이라는 사이좋은 커플이 더 이상 우리 사회를 낙원으로 끌고 가는 쌍두마차가 아님이 명확해졌다.

이런 상황에서 '생산성'에 대한 의미가 달라 보이기 시작했다. 지나친 생산성은 고용의 안정성을 해치며, 높아진 생산성만큼 사회와 경제가 성장하지 않으면 안 된다는 압력으로 작용한다.

그렇다면 어떻게 해야 할까? 많은 사회학자와 미래학자들은 일하는 양을 줄여야 한다고 말한다. 이 방법은 이미 유럽에서 일자리 나누기와 근로시간 줄이기 등 다양한 정책으로 도입되고 있다. 미국에서도 대공황 당시 이와 관련한 다양한 정책이 나왔다. 이러한 정책적인 노력이 중요한 이유는 시장의 경쟁적 속성 때문에 개별 기업이 알아서 이런 정책을 채택하기 어렵기 때문이다. 국제적인 공조와 발맞춤이 필요한 것도 그런 이유다. 영국의 싱크탱크 중 하나인 신경제재단(New Economics Foundation, NEF)은 일주일에 21시간 일하기를 제안하기도 하였다. 또 다른 전략으로는 수요에 기반을 두어서 일할 수 있도록 하는 것이다. 다시 말해 원하지 않는 생산을 하기보다는, 수요자가 필요로 할 때 생산하는 시스템이다.

이와 같이 효율과 생산성에 대한 집착을 버리고, 주당 노동시간을 줄이거나 수요에 기반을 두고 일하게 되면 개인에게 주어지는 잉여시간은 그만큼 많아진다. 이를 통해 지나친 성장의 가속페달에서 발을 떼 저성장 기조에서도 우리 사회가 견딜 수 있는 적응력을 키우고 지속 가능성을 극대화하는 것이다. 이것이 '성장'이라는 마약에 중독된 우리 사회를 구원할 수 있는 길이라는 의견에 점점 더 많은 사람이 동조하고 있다.

얼핏 보면 비현실적이라고 생각할 수 있다. 그러나 이미 생산성과 성장의 신화와 전혀 관계없이 돌아가는 산업이 많다. 예를 들어 보육, 의료, 교육 등의 산업은 생산성과 성장보다는 사회의 필요와 지속 가능성 측면에서 다양한 방식의 정책적 노력을 기울이는 산업들이다. 이와 같이 생산성과 성장 중심 패러다임에서 사회적 필요와 지속 가능성 중심의 패러다임으로 전환한다면, 결국 우리 삶의 총체적인 질을 증진시키는 데 도움이 된다.

클레이 셔키(Clay Shirky)는 《많아지면 달라진다 Cognitive Surplus》를 통해 '인지잉여(cognitive surplus)'라는 개념을 소개했다. 이는 각자의 잉여시간을 통해 모인 네트워크상의 사람들이 사회적으로 더 크고 의미 있는 생산을 해 막강한 자원을 만들어 낸다는 의미다. 이처럼 일하는 시간의 축소로 얻어진 잉여시간과 인지잉여를 통해 창조성을 바탕으로 하는 새로운 생산자의 시대를 열 수 있다.

문화 산업도 더욱 발전할 것이다. 사람들은 자신의 창조성을 보여 줄 수 있는 다양한 길을 찾아 연습하고 실력을 갈고닦아서 표현할 것이고, 이를 서로가 나눌 것이다. 그래서 음악과 예술, 그리고 다양한 놀이의 중요성은 미래 사회를 이야기할 때 아무리 강조해도 지나치지 않은 것이다.

거대한 생산성과 효율성을 바탕으로 하는 소비자 중심의 과소비 사회가 종말을 맞이하려고 한다. 과소비를 통해 외형이 성장하고, 이를 맞추기 위한 생산성의 독려와 일자리를 유지했던 성장의 순환 사이클이 그 동력을 잃고 있다. 그렇다고 자본주의 자체가 종말을 맞을 것이라고는 상상하기 어렵다. 구성원들 간의 합의가 잘 이루어지고 공정한 경쟁 및 공공의 이익이 효과적으로 고려된다면 시장을 중심으로 돌아가는 자본주의가 현재로서는 가장 좋은 체제라는 것에 여전히 많은 사람이 동의하고 있다.

자본주의가 위기를 극복하고 미래를 열어 갈 수 있는 방법은 무엇일까? 가장 중요한 것은 기업의 태도다. 지나치게 이윤만을 좇는 기업 풍토를 바꿀 수 있다면 미래는 달라질 수 있다. 이상론이라고 생각하기 쉽겠지만, 최근에는 실제로 이런 변화를 몸소 실천하는 기업들이 나오고 있다.

이러한 기업들이 이룬 성과가 슬슬 객관적인 지표와 사례로 발표되고 있다. 아마도 이런 지표와 사례는 미래의 기업에 대한 좋은 가이드라인이 될 듯하다. 글로벌 홍보 대행사인 버슨마스텔러(burson-marsteller)가 2012년에 발표한 '글로벌 기업 명성 지수(Global Corporate Reputation Index)'는 6개국 6,000개의 회사에 대하여 4만 명의 소비자 인터뷰를 통해 작성되었는데, 전반적으로 공익을 적극적으로 추구하는 기업이 높은 점수를 차지하였으며, 시장에서도 크게 성공하고 높은 평판을 유지하는 것으로 나타났다. 또한 가장 윤리적인 기업의 순위를 발표하는 글로벌 기업윤리연구소 에티스피어(Ethisphere)의 2012년 보고서 '세계 최고 윤리 기업'에 따르면, S&P500 지수에 들어 있는 기업을 대상으로 조사한 결과, 보다 윤리적인 경영을 하는 것으로 평가된 기업들이 동종업계의 경쟁자들에 비해 지난 3년간 기업 가치가 40퍼센트 정도 높게 성장한 것으로 나타났다. 이 역시도 윤리경영이 중요하다는 것을 잘 보여 주는 지표라 하겠다.

인재들이 선호하는 기업의 조건도 바뀌고 있다. 린 랭카스터(Lynne C. Lancaster) 등이 집필한 《밀레니얼 제너레이션 The M-Factor》이라는 책에 따르면, 1982년부터 2000년 사이에 출생한 밀레니얼 세대는 직업과 직장을 선택하는 데 있어 에너지와 혁신, 그리고 직업의 목표가 무엇인지 아는 것이 가장 중요하다고 답했다. 물론 과거와 같이 높은 연봉과 좋은 직장 상사도 중요하지만 그보다 일하는 의미와 목표를 더욱 중시하는 것이 이전 세대와 크게 달라진 점이다. 또한 일자리와 관련하여 가장 권위 있는 지표를 제공하는 켈리서비스사(Kelly Service)에서 발표한 '글로벌 직장 지수(Global Workforce Index)'에서는, 젊은 노동자들을 대상으로 조사한 결과 과반수가 "보다 중요하고 의미 있는 일을 하기 위해서 기꺼이 월급을 덜 받거나, 역할이 적어지는 것을 받아들이겠다"고 응답했다는 것도 이런 가치관의 변화를 반영한다고 하겠다.

공익이라는 것은 흔히 정부나 NGO에서 챙기는 것이라고 생각하기 쉽지만, 실제로는 기업에서 할 수 있는 일도 많다. 기업은 유통과 혁신에 익숙하기 때문에 문제를 해결해 사회적으로 이상적인 가치를 만들어 낼 수 있다. 만약 기업이 사회문제를 파악하고 이를 해결할 수 있는 가치를 만들고 공유하는 새로운 비전을 세운다면 자본주의의 미래는 달라질 것이다.

CHAPTER 2.

미래 직업은
이렇게 달라진다

중세 시대의 농부들은 주로 아침에 일하였다고 한다. 아마도 우리 역사의 많은 직업이 그랬을 것이다. 집중하여 일하는 시기가 따로 있었으며, 항상 일하는 것이 아니라 일거리가 있을 때 일하고 나머지는 쉬었다.

그러나 오늘날 대부분의 직업은 어떤 회사의 일원이 된다는 것을 의미하고, 좀 더 넓은 의미에서 바라본다면 회사가 되었든 어떤 단체가 되었든 이름이 있는 복합적 실체(우리는 이를 '브랜드'라고 부른다)의 일부가 된다는 것을 의미한다. 물론 개인을 브랜드로 삼는 사람들도 있지만, 아직 그런 경우는 소수이니 이 글에서는 논외로 하겠다.

오늘날의 직업에서는 책임자가 목표를 설정하고 나머지 사람들이 이를 수행하면서 만들어 내는 가치를 책임자가 보상하는 형태로 운영된다. 중세와 비교할 때 살아가는 방식 자체가 크게 바뀐 것이다. 일을 통해 생계를 이어가는 것만의 문제가 아니다. 회사의 문화나 동료와의 관계 등이 삶에서 매우 중요한 비중을 차지한다. 그렇기 때문에 해고를 당하거나 실직하는 경우 더 크게 충격을 받는 것이다. 이는 개인 네트워크의 일부가 무너지고, 하루에 적어도 여덟 시간 이상 일했던 이들이 할 일이 없어지는 것을 의미한다. 이는 삶의 의미를 앗아 가는 이유가 될 수 있다.

그런데 세상이 또 바뀌려고 한다. 과거처럼 생산에 많은 인력이 필요하지 않다. 이미 많은 것을 생산하고 있으며, 생산한 것들이 넘쳐난다. 자동화를 통해 유토피아가 열릴 것이라고 생각했는데, 수요보다 생산이 넘치면서 과거만큼 많은 사람이 생산에 투입되지 않게 되었다. 이 과정에서 많은 사람의 일이 줄어들고 여유 시간이 생기면서 새로운 소일거리를 찾게 되는 상황으로 바뀌고 있다. 그러므로 이제는 일 외에 레저를 즐기고 여가를 누리는 것이 또 하나의 중요한 일이 된 것이다. 이제 우리는 자본주의로 상징되는 대량생산과 소비, 그리고 산업 중심 사회에서 새로운 시대로 진입하고 있다.

5. 로봇과 자동화가 인간의 일자리를 빼앗다

경제의 중심은 생산에서 지식으로 넘어왔고, 생산 위주로 움직이던 과거의 많은 직업이 사라져 간다. 변화의 속도가 너무 빨라서 자신이 배웠던 일을 계속할 기회 자체가 없어지는 것이다. 기계와 컴퓨터 등이 사람이 하던 일을 대체하고, 이런 기계와 컴퓨터를 작동시키는 기술은 쉽게 배우기 어렵다. 이런 이유로 노동력 자체에 대한 수요가 감소하기 때문에, 노동력의 상대가치는 날이 갈수록 하락할 것이다. 그에 비해 지적재산권과 같은 지식의 가치는 상승하는 추세가 지속된다.

MIT의 데이비드 오토(David Autor)가 2010년 미국의 노동시장 변화에 대한 보고서를 발표했는데, 그 내용이 매우 충격적이다. 변화의 양상을 요약하면, 노동시장은 높은 기술을 가지고 높은 연봉을 받는 직업과 별다른 기술이 필요 없고 수입도 적은 직업으로 양극화되고 있으며, 그 변화 속도에 가속도가 붙고 있다는 것이다. 그렇다면 그 중간의 직업들은 어디로 갔을까? 그런 직업들은 사라지고 있다. 다음의 그래프는 1980년부터 2000년대의 직업의 변화 양상인데, 일반 사무직과 제조업 기술자 등의 직업이 크게 줄어들고 있음을 알 수 있다.

실업률의 증가는 어제 오늘의 문제가 아니지만, 현재의 상황은 매우 심각하다. 2007년 말에 비해 현재, 미국의 일자리는 무려 630만 개가 줄었다고 한다. 경제위기 탓이라고 하고 싶지만 문제는 현재

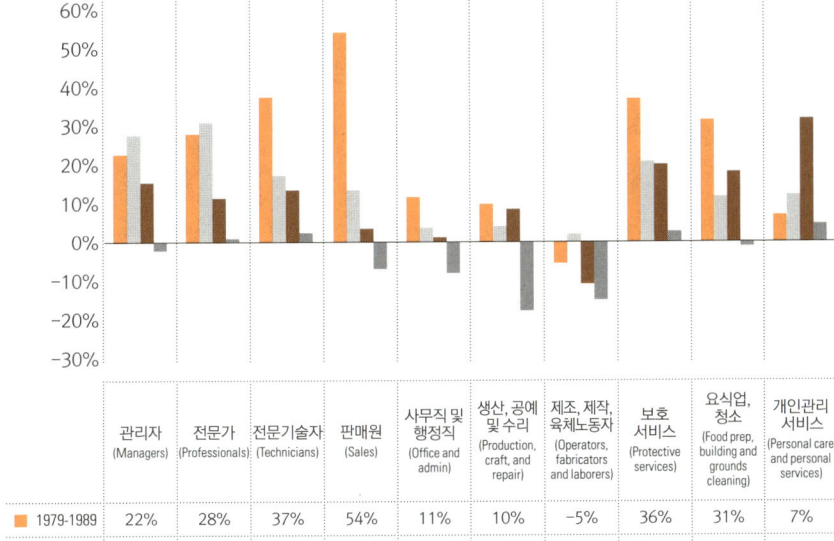

직업 변화 그래프(1979~2009년)

	관리자 (Managers)	전문가 (Professionals)	전문기술자 (Technicians)	판매원 (Sales)	사무직 및 행정직 (Office and admin)	생산, 공예 및 수리 (Production, craft, and repair)	제조, 제작, 육체노동자 (Operators, fabricators and laborers)	보호 서비스 (Protective services)	요식업, 청소 (Food prep, building and grounds cleaning)	개인관리 서비스 (Personal care and personal services)
1979-1989	22%	28%	37%	54%	11%	10%	-5%	36%	31%	7%
1989-1999	27%	30%	17%	14%	3%	4%	1%	20%	11%	12%
1999-2007	15%	11%	14%	4%	1%	8%	-11%	20%	18%	31%
2007-2009	-1%	0%	2%	-7%	-8%	-17%	-15%	2%	0%	5%

출처: David Autor, "The Polarization of Job Opportunities in the U.S. Labor Market", MIT Department of Economics and National Bureau of Economic Research, 2010.4 (http://econ-www.mit.edu/files/5554)

미국의 경기가 상당히 회복되었다는 점이다. 심지어 경제위기 이전보다 경제적 산출량은 더 늘었다고 한다. 다시 말해 630만 개의 일자리가 줄었지만, 이들이 없어도 과거보다 잘 굴러간다는 뜻이다.

이런 경향은 경제위기 이전의 통계를 보면 더욱 명확하게 드러난다. 미국의 실업 통계를 보면 2007년 5월 4.4퍼센트였던 것이 2009년 10월 10.1퍼센트까지 증가한 것으로 나타난다. 그 이전인 2000년부터 2007년까지의 경향을 보면 GDP와 생산성은 1960년 이후 어떤 시기보다도 빠르게 증가했지만 실업률은 전혀 감소하지 않았다.

이는 결국 구조적으로 일자리가 사라진다는 것을 의미한다. 미국의 일자리 감소와 관련해서는 여러 가지 원인이 지목되고 있다. 일단 과거에 미국 내에서 존재하던 일자리의 상당수가 아웃소싱되어 국외로 이전하고 있다. 이런 변화에는 ICT기술의 발달로 자동화가 일어나고, 생산 현장이 외국에 있더라도 과거보다 훨씬 쉽게 관리할 수 있게 된 것이 큰 영향을 미쳤다.

데이비드 오토는 이러한 중간 과정의 직업이 사라지고 있는 원인은 '대체'에 있다고 설명한다. 자동화 문화의 지속적인 확산이 먼 거리를 이동하며 노동하는 것을 가능하게 했고, 숙련공의 기술도 점점 기계와 로봇, 컴퓨터 등이 대체할 수 있게 되었다. 많은 인력이 필요한 일도 외국의 저렴한 인력을 찾아 쉽게 아웃소싱할 수 있다. 인터넷 망의 확산에 따라 가능해진 일이다.

최근 일본의 로봇 생산업체인 화낙(Fanuc)에서는 산업용 로봇을 생산하는 무인 공장을 만들겠다고 발표하였다. 세계에서 가장 큰 전자제품 공장을 운영하는 대만의 폭스콘(Foxconn)에서는 2011년 1월, 100만 대가 넘는 로봇을 이용해서 앞으로 3년 내에 거의 대부분의 조립라인을 자동화하겠다고 발표하였다. 제레미 리프킨(Jeremy Rifkin)이 《노동의 종말 The End of Work》에서 언급했듯, 로봇이 인간의 일자리를 대체하는 상황이 점차 현실화되고 있는 것이다. 로봇은 인간이 하기 싫어하는 반복적이고 기계적인 작업을 지치지도 않고, 보다 정교하게 해낸다.

이런 변화는 제조업에만 국한된 것이 아니다. 이미 자동화된 콜센터는 전 세계 어디에서든 만나볼 수 있다. 과거 고객을 일일이 응대해야 했던 콜센터 직원들은 더 이상 그렇게 많은 수가 필요하지 않으며, 은행에서는 ATM 기기의 보급에 따라 은행원의 수가 줄고 있다. 점차 확산되고 있는 미국의 자동 계산대는 계산원으로 고용되었던 많은 이들의 일자리도 빼앗아 가고 있다. 기술의 발전은 과거 간단한 기술을 배우면 차지할 수 있었던 일자리를 하나둘 씩 가져가고 있다. 그 범위도 제조업과 서비스업, 그리고 유통업에 이르기까지 전방위적이다.

직장뿐 아니라 가정과 개인용 로봇의 시대도 점차 현실화되고 있다. 공상과학소설에서만 나오던 이런 로봇들은 다양한 형태로 상용화되기 시작했다. 실리콘밸리의 윌로 개러지(Willow Garage)라는 회사에서는 'PR2'라는 로봇을 내놓았는데, 이 로봇은 빨래를 개고 음료를 가져오는 것과 같은 다소 복잡한 명령도 수행한다. 이 로봇이 더욱 놀라운 것은 오픈소스 플랫폼이라는 것이다. 즉 무상으로 소프트웨어 설계도를 공개해, 앞으로 용도에 따라 이 기술을 다양하게 접목할 수 있다. 아직은 대량생산을 통해 상업적인 판매를 할 정도까지 저렴하지는 않지만 현재 18만 달러 정도에 구입이 가능하다. 대량생산이 되면 생각보다 빠른 속도로 가격이 내려간다는 것을 감안하면 이런 만능 로봇이 가정과 개인을 대신해 대량 보급되는 상황이 그리 멀지 않은 듯하다. 결국에는 가사 일을 돕는 인력이나 현재 급속히 늘고 있는 간호 인력 등과 같이 고령화 사회에 필요로 하는 새로운 일자리도 로봇들이 급속하게 대체하게 될 것이다.

로봇만이 아니다. 인공지능(Artificial Intelligence, AI)의 부상도 눈여겨보아야 한다. 인공지능과 로봇이 함께한다면 과거보다 창조적이면서도 덜 비싸고, 보다 개별적인 제조가 가능해질 것이다. 인공지능은 50년 가까이 중요한 기술로 인식되었지만, 개발 초창기에 쏟아진 막대한 관심에 비해 별다른 성과가 일어나지 않아 사람들의 관심에서 그동안 멀어졌던 것이 사실이다. 특히 80년대 후반에는 '인공지능은 죽었다'라는 이야기가 나올 정도로 큰 침체기를 겪기도 하였다.

그러나 1997년 IBM의 슈퍼컴퓨터 '딥블루(Deep Blue)'가 세계체스챔피언인 개리 카스파로프와의 대결에서 이기면서 다시 주목받기 시작했고, 2011년에는 IBM의 '왓슨(Watson)'이 인기 퀴즈쇼 "제퍼디(Jeopardy!)"에 나와 전설적인 퀴즈왕으로 꼽혔던 '인간' 두 명을 상대로 한 대결에서 승리하면서 이제 인공지능이 현실 세계를 크게 바꾸게 될 것임을 강력하게 시사하였다.

이와 연관되어 구글은 혼자서 운전하는 자동차를 개발하는 데 성공하여 현재 네바다와 캘리포니아의 고속도로에서 시험 질주를 하고 있고, 버지니아공대의 데니스 홍 교수는 세계 최초로 시각장애인용 자동차를 개발하기도 했다. 급기야 애플은 아이폰4S부터 시리(Siri)라는 음성인식 기반의 인공지능 비서를 탑재해 내놓고 있다. 이제는 인공지능이 꿈속의 이야기가 아니라 우리의 현실을 바꾸는 단계로 진입한 것이다. IBM의 '왓슨'은 퀴즈쇼에서의 활약을 토대로 세계적인 암센터인 뉴욕의 슬론-케터링 암센터에서 의사들을 보조하면서 암환자를 진료하고, 대형 의료보험 회사에서 의사들이 올린

의무 기록지를 심사하는 역할까지 하고 있다. 게다가 2015년 왓슨 2.0 계획에 따라 휴대폰과 클라우드 기술을 접목해서 개인이 쉽게 쓸 수 있는 형태로 업그레이드될 것이라고 하니, 인공지능이 더 이상 장난감 수준으로 남지는 않을 듯하다.

아직은 인간의 정교한 육체적인 노동력을 흉내 내기 어려운 직업이나, 로봇이 대신하기 어려운 창의적이고 고도의 인지 능력이 필요한 변호사나 의사, 경영자 등과 같은 직업의 경우 이런 변화에도 오래 살아남고 있지만, 이들 직업에도 로봇과 컴퓨터가 진출할 시간이 머지않았다.

이러한 사회의 변화를 인정한다면 현재 우리의 사회와 교육체계에 대한 근본적인 변화 또한 시급하다. 지금 우리 아이들에게 가르치고 있는 것들이 과연 이러한 변화를 예측하고 미래를 준비시키는 것인가를 돌아보아야 할 때다.

6. 신기술은 새로운 일자리를 만든다

일자리에 대한 비관적인 전망에 대해 반론을 제기하는 사람들도 물론 있다. 언제나 신기술이 일자리를 없앨 것이라고 했지만, 새로운 일자리가 생김으로 인해서 결국에는 이들을 흡수했다는 것이다. 산업혁명이 막 시작될 때도 사람들은 새로운 기술이 많은 일자리를 없앨 것이라고 걱정하였다. 그렇지만 오래지 않아 새로운 직업이 생겨나기 시작했고, 생산성은 지속적으로 증가하고 과거보다 생활수준은 올라갔으며, 이로 인해서 실업이 그다지 장기적인 문제가 된 적은 없다는 것이다.

이런 의견은 분명 일리가 있다. 문제는 변화의 속도다. 노동환경의 자동화가 과거 어느 때보다 빠른 속도로 진행되면서 노동자가 새로운 환경에 적응할 수 있는 시간적 여유를 확보하지 못하고, 실업 기간이 길어지면서 중산층으로서의 지위를 잃어버리는 현상이 나타나고 있는 것이다. 그동안 많은 고용을 끌어냈던 소매 매장의 판매직, 공장의 생산직, 회계와 계산을 전담했던 인력들이 이미 지속적으로 일자리를 잃고 있다. 수많은 전자상거래 서비스는 지역의 다양한 도소매점의 일자리를 없애고 있고, 무인 정보 단말기인 키오스크(kiosk)가 호텔과 공항 등에 설치되어 서비스 인력을 대체하고 있다. 효율 증대를 위한 소프트웨어나 시스템은 직장에서 잉여 인력을 만들어 내고, 이들은 결국 정리 대상으로 분류될 수밖에 없다.

그렇다면 없어진 일자리만큼 새로운 일자리가 생겨날 가능성은 없는 것일까? 그렇지는 않을 것이다. 시간이 걸리기는 하겠지만, 분명히 새로운 부의 분배가 일어나고 새로운 사회의 요구에 따라 새로운 직업들이 생겨날 것이며 여기에 많은 사람이 종사하게 될 것이다.

문제는 이렇게 일자리를 잃어버린 사람들이 일자리를 구하고 적응하도록 도와주는 것이다. 과거 농경사회에서 산업사회로 넘어올 때 농사를 짓던 사람들이 도시로 몰려와 새로운 일자리를 구하고 사회의 여러 가지 변화가 나타나기까지 백 년이 넘는 시간이 걸렸다.

그렇지만 최근의 급격한 변화는 불과 몇 십 년 사이에 벌어지고 있으며 게다가 변화의 속도는 점점 빨라지고 있다. 이런 현상은 전 세계에서 나타나고 있다. 최근 경제가 급성장하고 있는 중국과 인도 등의 신흥개발국에서도 자동화가 빠르게 진행되면서 수많은 노동자들이 일자리를 잃게 될 것으로 전망된다.

앞으로는 한 가지 일에 대한 경제적 가치가 떨어지면서 해당 업무의 시간과 보수가 감소할 것이다. 이는 기본적으로 파트타임 일자리가 늘어나고 몇 가지 일자리를 동시에 가지지 않으면 현재 수준의 수입을 보전할 수 없게 될 것이라는 의미다. 새로운 기술을 익히고 변화에 적응하는 사람들이 보다 유리한 고지를 점하게 될 것이다. 새로운 일자리가 생겨도 그 일을 할 수 없는 조건이라면 과거 중산층을 형성했던 사람들이 모두 하류층으로 떨어지는 상황이 전개될 가능성이 높다.

19세기에는 미국인의 90퍼센트가 농업에 종사했지만, 20세기를 시작할 무렵에는 40퍼센트, 현재는 2퍼센트만이 농업에 종사한다. 그렇지만 사람들은 새로운 일자리를 찾아서 여전히 일하고 있다. 그런 변화가 분명히 앞으로도 나타날 것이다. ICT기술의 발전이 지금까지 다양한 일자리를 사라지게 하고 양극화를 부추겼다는 비판을 받지만, 한편으로는 새롭고 혁신적인 기업의 탄생을 유도하면서 이들에 의한 새로운 일자리가 계속해서 생겨날 것이다.

최근의 변화에는 약간의 희망도 보인다. 과거 자본을 많이 소유하지 않으면 도전할 수 없었던 기업 생태계에, 적은 자본으로도 새로운 혁신을 시도해 볼 수 있는 기회가 늘고 있다. 이런 새로운 희망의 불씨를 살리기 위해서는 ICT기술의 힘을 빌어서 보다 저렴하고 강력한 도구들이 탄생해야 한다. 현재 소프트웨어와 하드웨어, 그리고 전통 산업을 잇는 강력하면서도 저렴하고 접근이 쉬운 플랫폼이 등장하고 있다. 이를 통해 새로운 일자리를 탄생시킬 수 있는 가능성이 보이기 시작하는 것이다. 정부나 공공분야에서도 새로운 경제체제를 도모하고 사회의 발전을 유도하기 위해서 더 많은 일자리를 만들어 내고, 적은 자본으로도 쉽게 창업할 수 있는 환경을 만들며, 사회에서 생산된 전체적인 결과물을 정당하게 수확할 수 있도록 해야 한다. 이를 위해 인프라와 플랫폼을 만드는 부분에 집중적인 투자가 일어나야 함은 당연하다.

7. 소비자가 곧 생산자가 되는 프로슈머 사회로의 진입

로봇과 인공지능이 합쳐지고, 여기에 마지막 남은 제조 혁신 퍼즐의 조각은 바로 '디지털 프로세스'다. 아마도 이 마지막 조각이 맞춰지는 순간 중국이 가지고 있는 제조 부문의 강력한 경쟁력은 순식간에 날아갈 수도 있다. 그뿐인가? 어쩌면 집에서 원하는 것을 만들게 되는 '가내수공업'과 '지역 기반 제조'가 이런 조합의 완성과 함께 급부상할 가능성이 높다.

세계 1위의 CAD(Computer Aided Design) 회사인 오토데스크(Autodesk)는 이미 이런 새로운 디지털 제조 프로세스를 완성하기 위해 기업의 역량을 집중하고 있다. IDC(Imagine, Design, Create)로 명명된 각각의 단계에 가장 중요한 기술과 소프트웨어, 서비스 등을 개발하고 제공함으로써 디지털 제조 시장을 크게 확대한다는 전략이다. 이런 기술의 발전이 가속화된다면 '생산자 사회' 또는 '창조경제'로의 전환이 불가피하게 될 것이다. 대량생산은 개인화된 생산으로 바뀌며, 사람들은 다양한 제품의 아이디어를 생각한 뒤에 이를 지원하는 프로세스를 통해 디자인하고, 테스트하며, 직접 제조에 참여하기 시작할 것이다.

윌 마셜(Will Marshall)은 2011년 〈노동과 생산자 사회 *Labor and the Producer Society*〉라는 보고서를 통해 이와 같은 새로운 미래의 사회상을 소개한 바 있다. 그는 가장 근본적인 문제가 그동안의 경제체제에 있다고 지적한다. 빚을 중심으로 한 소비로 경제를 살린다면 결국 거품이 생기고, 같은 문제가 머지않은 미래에 다시 발생할 수밖에 없다는 것이다. 지난 수십 년간의 경제 성장도 사실 중산층의 실질적인 소득 증가는 거의 없었음에도 일어난 착시 현상일 뿐이다. 쉽게 이용할 수 있는 신용카드와, 빚을 내 구입한 부동산의 경제적 가치가 증가하면서 나타난 일이다. 이러한 현상이 과도한 소비를 이끌어 냈으며, 이것이 결국 현재의 금융위기를 만들어 냈음은 모두가 알고 있는 사실이다.

이를 역으로 말한다면 소비를 늘려서 다시 경제성장을 이끌어 낸다는 것이 근본적인 해결책이 될 수 없다는 것이다. 소비 증가를 위해 국가의 재정을 아무리 퍼붓는다고 하더라도, 근본적인 체질이 바뀌지 않으면 결국 밑 빠진 독에 물 붓기 격인 단기적인 처방에 불과한 것이다. 따라서 윌 마셜은 이런 소비자 중심의 사회를 생산자 중심의 사회로 전환시켜야 한다고 주장한다. 소비를 증대시키기보다는 더 많은 사람이 생산 활동을 할 수 있도록 유도해야 하며, 빚을 내 소비를 늘리기보다 절약하고, 공유와 사회적 가치를 중심으로 한 새로운 패러다임이 필요하다는 것이다.

이런 변화의 바람이 실제로 사회에서 조금씩 싹이 트고 있음을 눈여겨볼 필요가 있다. 다양한 형태의 DIY(Do It Yourself) 프로젝트를 통해 과거에는 꿈꾸지 못했던 제품을 직접 만들고, 이를 바탕으로 소규모 창업을 하거나 활용하는 사람들이 점점 늘고 있다. 가장 극적인 사례는 미국 미주리 주의 시골에서 진행되고 있는 "오픈소스 생태(Open Source Ecology)" 프로젝트다. 이 프로젝트에서는 '글로벌 마을 건설 세트(Global Village Construction Set)'라는 것을 이용해서 농업과 건축, 제조에 필요한 기계들을 직접 만들어 낸다. 이 프로젝트는 경제력이 취약한 개발도상국에 중요한 자원이 될 것이 분명한데, 사실 선진국에서도 재료를 쉽게 구할 수 있고 이를 수행할 수 있는 재능을 가진 사람들이 많기 때문에 충분히 성공할 가능성이 높다고 진단하고 있다.

최근 큰 인기를 끌고 있는 DIY 축제, 메이커 축제(Maker Faire)의 인기도 이런 변화와 무관하지 않다. 2013년 샌프란시스코 인근에서 열린 축제에는 무려 16만 5,000명이 넘는 사람들이 참가하였는데, 여기서 창작자들은 직접 만든 다양한 물건들을 자랑하였다. 수준도 갈수록 높아져서, 〈메이크 Make〉 잡지에는 미니자동차인 고카트(go-kart)를 DIY로 제작하는 방법이 실리기도 하였다. 사회에서 이용할 수 있는 인프라도 점점 많아진다. 창작자들이 실제 무엇이든 만들 수 있도록 지원하는 시설인 테크샵(TechShop)은 실리콘밸리에서 시작되어 디트로이트와 노스캐롤라이나 주의 롤리(Raleigh)에도 진출했으며, 앞으로 미국 전역에 더 많은 지점을 오픈할 예정이다. 한 달에 100달러만 내면 3D프린터나 레이저 커터, 각종 전자 장비와 같은 첨단기기를 사용할 수 있는 이 시설은 이제 전 세계로 뻗어 나가려고 하고 있다. 이미 테크샵을 벤치마킹한 여러 회사가 창업했고, 성공가도를 이어가기 시작했다.

이 정도로 사회의 패러다임 변화를 이야기하기에는 많이 부족하다. 그렇지만 다양한 사회적인 운동과 분위기만큼은 분명 점점 달라지고 있다. 과거 한두 차례의 연간 행사로 진행되었던 "스타트업 위크엔드(Startup Weekend)"가 이제는 미국 전역에서 수시로 열리기 시작했다. 스타트업 위크엔드는 개발, 영업, 기획, 홍보, 디자인 등 각 분야 전문가들이 모여 2박 3일 동안 아이디어를 내고 협력을 도모하는, 개발자를 위한 행사다. 국내에서도 다양한 형태의 스타트업들을 위한 행사나 자발적인 모임이 만들어지고 있다. 일반적인 스타트업 위크엔드 프로그램을 보면, 금요일 저녁부터 일요일까지 54시간 동안 아이디어를 이야기하고, 팀을 짜고, 실제로 제품을 만들어서 마지막에 발표하는 숨 가쁜 일정으로 진행된다. 실제로 이 행사를 통해 여러 회사가 탄생하였는데, 아직까지는 소프트웨어와 웹 기반의 비즈니스가 많지만 앞으로는 제조와 서비스 산업으로도 확대될 것이다. 실제로 3D프린팅이나 건강 서비스 같은 산업에서도 유사한 프로그램이 진행될 것이라고 한다.

스타트업 위크엔드 프로그램에 참여하는 사람들은 대체로 자신들이 무엇인가를 만들고 창조하는 사람들이라고 생각한다. 이들은 단순히 디지털 경제에서 무엇인가를 해 보겠다는 것이 아니라 현재 세상을 구성하고 있는 전통적인 비즈니스를 혁신하고 가치를 창출할 수 있는 시도를 원한다. 이런 사람들이 점차 많아진다면 소비자 사회에서 생산자, 더 나아가서는 생산에 참여하는 소비자인 프로슈머(prosumer) 사회로의 진입도 빨라질 것이다.

비관적인 사람들은 이런 새로운 움직임이 만들어 내는 일자리의 절대적인 수가 부족하다는 것을 지적한다. 또한 많은 일자리를 만들어 낼 수 있을 것으로 보는 교육과 의료, 건강 관련 산업의 경우 지나친 규제와 이해 집단의 반발 등으로 현실적으로 혁신하기 어렵다는 의견에도 일리가 있다. 그렇지만 새로운 시대의 여명은 처음부터 많은 것을 해결하고, 커다란 변화를 끌어내며 시작하는 것은 아니다. 이런 변화가 일상이 되고, 많은 사람과 기업이 쉽게 받아들이기 시작한다면 우리 사회는 역동성을 보이며 변해 나가지 않을까?

8. 하이컨셉·하이터치 시대,
미래의 주역은 인사이트 노동자

오늘날 각광받고 있는 '지식노동자'의 가치가 미래에는 지금만 못할 것이라는 예측은 다니엘 핑크만의 분석이 아니다. '지식노동자'라는 용어는 경영학의 아버지라고 불리는 피터 드러커(Peter Drucker)가 1959년에 처음 사용했는데, 물리적인 노동을 바탕으로 하는 산업시대의 전형적인 공장노동자들과 대비되는 개념으로 쓰였다. 실제로 PC 혁명과 인터넷 혁명을 거치면서 이러한 지식을 중심으로 하는 새로운 기업 및 개인의 경쟁력은 날이 갈수록 높게 평가받았고, 그런 기업 및 개인이 실제로도 성공하는 사례가 많아지면서 지식노동자가 주도하는 '지식사회'가 현대사회의 가장 중요한 용어로 자리 잡았다.

그러나 앞서 언급한 인공지능의 발전과 산업구조 및 사회의 재편은 또 다른 변화를 부르고 있다. 이제 지식 자체를 많이 가지고 있고 어디에서 지식을 찾을 수 있는지 아는 정도로는 개인의 경쟁력을 논하기 어려운 시대가 올 것이다. 지식노동자 특유의 경쟁력은 스마트폰과 클라우드, 그리고 인간과 컴퓨터를 잇는 인터페이스 기술의 발달로 인해 가장 쉽게 자동화에 의해 대체 가능한 것으로 전락할 가능성이 많다. 이런 점을 감안할 때 이제는 지식노동자를 대체할 새로운 미래 시대의 노동자 또는 주인공의 모습을 고민해야 한다. 이를 바탕으로 새로운 직업이나 삶의 모습 그리고 미래의 주역이 될 우리 아이들에 대한 교육 방식도 바뀌어야 할 것이다.

이와 관련하여 보스턴컨설팅그룹(BCG)의 회장 리치 레서(Rich Lesser)는 미래의 노동자의 모습으로 '인사이트 노동자(insight worker)'라는 개념을 제시하였다. 지식노동자의 주된 역할은 정보를 다루고, 찾아내며, 컴퓨터가 계산한 내용을 바탕으로 새로운 지식을 만들어 내고 분석하는 일이라 할 수 있다. 그러나 이러한 것들이 새로운 기술에 의해 대체가 가능해지는 미래에는 결국 판단과 비판적인 사고, 공감 등 기계로 대체하기 어려운 더욱더 새로운 기술이 필요하게 된다. 지식노동자가 비즈니스를 어떻게 관리하고 운영하는지 알았다면, 인사이트 노동자는 비즈니스가 어떻게 그리고 왜 필요한지에 대한 근본적인 의문에 답할 수 있어야 한다. 또한 지식노동자에게 전문가를 중심으로 하는 인적 네트워크가 큰 힘이 되었다면, 인사이트 노동자는 자신의 동료 그리고 고객까지 포함한 진정성 있는 관계가 가장 커다란 힘이 될 것이다.

미래의 인재에게 필요한 것은 사회적인 가치를 알아보고 실제 의미가 있는 문제 해결 방법을 만들어 내는 능력과, 사람들의 합의를 도출하고 이들에게 영감을 불어넣는 공감 능력이다. 이를 위해서는 자신의 전문 영역에 대한 지식이 풍부한 것만으로는 부족하다. 우리가 함께하는 사회에 대한 이해와, 자신의 전문 영역을 넘어설 수 있는 모험심, 새로운 관계를 받아들이고 과감한 협업을 시도할 수 있는 유연함이 있어야 한다.

다니엘 핑크가 이야기한 미래 인재의 조건도 인사이트 노동자와 크게 다르지 않다. 즉, 우리 사회가 개념과 감성이 강조되는 '하이컨셉(high-concept)·하이터치(high-touch)의 시대'가 될 것으로 예측하였다. 하이컨셉은 트렌드와 기회를 감지하고, 예술적 미와 감정의 아름다움을 창조해 내고, 언뜻 관계가 없어 보이는 아이디어를 결합해 뭔가 새로운 것을 창조해 내는 능력과 관계가 있다. 하이터치는 다른 사람과 공감하고, 미묘한 인간관계를 잘 다루며, 목적과 의미를 발견해 이를 추구하는 능력과 관련 있다. 정보화시대에서는 이런 하이컨셉·하이터치 능력이 보잘 것 없으며 가치가 낮다고 인식되었지만 미래 사회에서는 직업적 성공과 개인적 만족을 얻기 위한 필수 요소로 떠오르고 있다. 하이컨셉·하이터치 시대에 필요한 여섯 가지 조건으로는 디자인(design), 스토리(story), 조화(symphony), 공감(empathy), 놀이(play), 의미(meaning)를 꼽는다. 이와 같이 미래에는 유연하고, 양쪽 뇌를 모두 활용하는 새로운 유형의 인재가 필요하다.

산업혁명 이후 250년간의 역사 동안 우리가 아는 직업들은 생활을 재조직화하고 살아가는 것 자체에 많은 영향을 미쳐 왔다. 그런데 이제는 회사와 조직을 중심으로 하는 생활이 변화하는 것에 대해 새롭게 대비해야 하는 시기를 눈앞에 두고 있다. 조직 중심이 아니라, 개개인이 중심이 되어 여러 사회 또는 커뮤니티에 공헌하는 하나의 구성원으로서의 역할로 전환되고 있으며, 부를 어떻게 분배하고 이를 같이 나눌 것인가를 고민해야 하는, 새로운 가치관과 삶의 패턴을 필요로 하는 시대가 올 것이다.

산업혁명 시기에도 그랬지만, 이렇게 거대한 물결에 의해 인류의 역사가 새롭게 바뀌는 전환기에는 언제나 과도한 불안감과 지나친 낙관주의가 공존해 왔다. 확실한 것은 이러한 전환기의 직업관과 일자리, 그리고 삶에 대한 고민은 현재의 경제학자나 월스트리트의 몫이 아니라는 것이다. 혁신은 다양한 팀에서 나오게 될 것이며, 새로운 브랜드를 조직하고 새로운 장소에서 과거와는 다른 제품과 경험, 서비스 등을 창조하는 사람들의 역할이 날이 갈수록 중요해질 것이다.

어떤 새로운 일을 창조하고 어떻게 살 것인지, 어떤 경험과 가치관을 가지고 나아가야 할지 고민하는 것은 새로운 기술을 익히고 돈을 벌려고 궁리하는 것 이상으로 중요한 작업이다. 보다 창의적으로 많은 것을 공부하는 것, 또한 이를 엮어 내는 사람들, 이들이 빨리 자리 잡을 수 있는 환경을 준비할 때 미래의 급격한 변화에도 보다 쉽게 적응하는 사회가 되지 않을까?

CHAPTER 3.

미래 가치관은 이렇게 달라진다

우리가 살아가는 데 있어 가장 중요한 가치는 무엇일까? 다양한 종류의 답변이 나오겠지만, 가장 많은 사람이 공감할 만한 것은 '행복'일 것이다. 영국의 공리주의자로 유명한 벤담은 '최대 다수의 최대 행복'이 가장 중요한 사회적 가치라고 이야기하였다. 가능한 한 많은 사람이 행복한 삶을 살아가는 것이 좋다는 것을 부인할 사람은 거의 없을 듯하다.

문제는 산업혁명 이후 자본주의 사회가 꽃을 피우면서 그 행복의 잣대가 어느 사이에 '부'로 옮겨 가고 있다는 점이다. 신문이나 방송을 보면 모든 주제를 돈을 중심으로 이야기하는 것을 쉽게 볼 수 있다. 모든 사회적 이슈에서 경제가 제일 중요하며, 짧은 시기에 엄청난 재산을 가지게 된 사업가의 스토리, 일거수일투족을 주목받는 재벌 기업 가문의 사람들이 늘 화제의 중심에 있다. 모두가 '부자'가 되는 것이 곧 행복한 삶이고, 삶의 가치인 것처럼 이야기한다. 최근 아이들의 장래희망이나 미래에 대한 설문조사에서도 안정적인 수입을 얻을 수 있는 종류의 직업만 이야기하고 있고, 부모들도 대부분 '부'라는 단일한 잣대를 가지고 자녀의 진로나 장래를 생각하는 경우가 많다. 과연 이것이 옳은 판단일까?

9. 부는 행복을 누리는 능력을 빼앗아 간다

최근 벨기에에 있는 한 대학의 연구팀이 흥미로운 논문을 발표했다. 부를 가지면 많은 것을 살 수 있는 기회가 생기지만, 그러한 기회를 즐길 수 있는 능력을 빼앗는다는 연구 조사 결과였다. 이 팀의 첫 번째 연구는 벨기에 리에주대학(University of Liege)의 교직원들을 대상으로 수행되었는데, 부를 많이 쌓고 있는 직원들이 의외로 자신들의 생활에서 긍정적인 경험(positive experience)을 느끼는 능력이 저하되는 것으로 조사되었다. 또한 엄청난 양의 유로 지폐가 쌓여 있는 그림을 보여 주는 실험도 이루어졌는데, 실험 대상자들은 돈을 생각하는 것만으로도 이런 경험을 향유하는 능력이 저하되었다.

이와 유사한 연구에서도 비슷한 결과가 나왔다. 16~59세의 캐나다 UBC(University of British Columbia) 직원들을 대상으로, 초콜릿을 맛보는 것을 미끼로 한 실험을 진행하였는데, 초콜릿을 맛보기 전에 먼저 간단한 설문지를 작성하도록 했다. 절반의 사람들에게는 화폐 이미지가 설문지 중간에 삽입되어 있었고, 나머지 사람들에게는 설문만 있었다. 설문 내용과는 상관없는 사진이었기 때문에 대부분의 사람들은 지폐를 흘깃 쳐다보는 정도로 지나가는 상황이었지만, 놀랍게도 지폐 사진이 삽입된 설문지를 작성한 그룹은 초콜릿을 맛보는 시간도 적고 만족도도 훨씬 낮았다.

전통적인 연구로는 복권 당첨자들을 대상으로 한 연구도 있었다. 1970년대 5만 달러 이상의 복권 당첨금을 받은 사람들 대부분이 그다지 행복하지 않았고, 소소한 즐거움과 행복을 느끼는 능력이 심각하게 저하되었다고 한다. 이런 현상을 어떻게 설명할 수 있을까? 연구자들은 '부'라는 것이 실제로 많은 것을 할 수 있는 기회를 제공하지만, 반대로 생각하면 작은 행복과 즐거움을 향유하는 능력에는 부정적인 영향을 미친다고 설명한다.

사람들이 행복을 느끼는 방식은 누구나 다르다. 어떤 이는 최고급 와인과 근사한 레스토랑에서 식사하지 않으면 행복을 느끼지 못할 수 있지만, 다른 이는 친구와 가까운 커피숍에서 커피 한 잔을 나누고 비가 내린 뒤 햇빛이 반짝이는 것을 보면서 행복을 느낄 수도 있다. 행복을 느끼는 것도 연습이 필요하다.

10. 회사 존재의 의미가 달라진다

　대부분의 사람들은 회사의 가장 기본적인 존재 이유를 '이윤 창출'이라고 생각한다. 물론 자본주의적 관점에서 이것이 완전히 틀렸다고는 할 수 없지만 회사가 오로지 '돈을 버는 것'만을 위해 존재한다고 믿는 것은 너무 편협한 생각이다.
　최근에는 경제적인 관점에서만 바라보기보다는 사회와 직원 및 회사와 연관되어 있는 생태계의 건전성과 행복의 관점으로 회사를 생각하는 사람들이 많아지고 있다. 이러한 시대의 변화에 맞추어 회사를 변화시키고자 노력하는 경영자도 종종 보인다. 이를 위해서는 회사의 비전을 직원 및 고객과 함께 공유해야 한다. 그런데 공유할 방법을 찾으려 할수록 의외로 이들을 연결할 수 있는 어떤 논리적 연결고리가 부족하다고 호소하는 사람들이 많다.
　이와 관련하여 미국의 호텔 사업가인 칩 콜리(Chip Conley)는 2010년 "가치 있는 삶의 방식"이라는 TED 강연을 통해 경영자의 비전 공유가 중요하다는 것을 역설했다. 그는 "임직원과 고객들이 우리 회사와 정서적 교감을 느끼는 정도를 측정하고 보여 줄 수 있는 평가 지표로는 무엇이 있을까?"라는 질문에 답하기 위해서 회사의 사명을 이해하고 있는지, 그 사명을 신뢰하는지, 자신이 사명에 영향력을 가졌다고 생각하는지, 자신의 업무가 회사에 실제로 영향을 끼친다고 생각하는지 직원들을 대상으로 조사하였다. 고객들에게는 일곱 가지 설문 방식을 사용하여 고객들이 회사와 어떻게 정서적 교감을 느끼는지 조사했다. 그는 이 조사를 통해 고차원적인 욕구에 더 많이 관심을 갖게 될수록 회사에 대한 충성도가 생기는 것을 알게 되었고, 여기에 초점을 맞추어 회사를 경영한 결과 고객 충성도도 급격히 상승했다고 말하였다.

재미있는 점은 전 세계 경영자의 대부분이 무형의 가치가 경영에 있어 중요한 요소라고 말한다는 것이다. 지적재산, 기업 문화, 브랜드 가치 등을 중시하지 않는 경영자는 거의 없다. 그러나 실제 경영에서 이러한 무형의 가치를 중심으로 경영 방식을 이끌거나 이를 측정하고자 시도하는 경우는 그다지 많지 않다. 여기에 대해 답을 제시하려고 했던 역사적 인물이 바로 부탄의 왕이었던 지그메 싱기에 왕추크(Jigme Singye Wangchuck)다. 그는 1972년 왕좌에 오르게 되는데, 그때 나이가 17세였다. 왕정 초기에 인도를 여행하던 중 한 인도 기자가 그에게 부탄의 국내총생산(GDP)이 어느 정도 규모인지를 물었다. 그러자 그는 "왜 국내총생산에 주목하는가? 그보다는 국가의 총체적 행복에 관심을 가지면 어떻겠는가?"라는 중요한 명제를 역으로 던진다. 이후 그는 약 30여 년의 통치 기간 동안 부탄의 행복을 측정하고 경영하기 위해 노력했다. 최근 부탄이 무혈, 무소요로 전제군주제에서 입헌군주제로 바뀐 것 또한 그 노력의 성과였다. 그는 '국민총행복(Gross National Happiness, GNH)'이라는 국가의 새로운 목표를 주창하였다. 프랑스의 대통령이었던 니콜라 사르코지(Nicolas Sarkozy)는 두 명의 노벨상 수상 경제학자들과 함께 18개월간 연구한 끝에 프랑스의 경제 발전 지표에 '행복'과 '웰빙'이 포함되어야 한다고 발표했다. 또한 세계의 리더들이 GDP라는 근시안적 지표를 버리고 새 지표를 찾아야 한다고 주장하기도 하였다. GDP로는 삼나무 숲의 파괴에서 오는 대기오염을 계산할 수는 있지만 그것이 아이들의 건강에 미치는 영향이나 공무원들의 청렴성을 측정하지는 못한다. 심지어 미국의 대통령이었던 로버트 케네디(Robert Kennedy)는 이렇게 말한 바 있다. "GDP는 모든 것을 측정한다. 삶을 가치 있게 만드는 것들만 제외하고."

"부탄의 국민총행복(GNH)을 소개합니다"
유튜브 영상

11. 실리콘밸리의 젊은 인재들, 새로운 가치관을 찾다

자본주의가 발달한 서구 사회는 일반적으로 행복이란 무언가를 소유하는 것이며 그것도 많을수록 좋다고 말한다. 그런데 이러한 철학과 생각이 근래 들어 바뀌고 있다.

일부의 예외가 있기는 하지만, 실리콘밸리에서 이른바 뜨는 젊은 스타 기업인들은 전통적인 성공 방정식을 거부한다. 흔히 성공한 사람들은 스포츠카와 요트, 그리고 화려한 집을 내세우면서 자신들의 부와 성공을 외부에 과시하고는 하는데, 실리콘밸리에서는 자신들의 성공과 부가 개인의 역량보다는 사회적 환경과 실리콘밸리 특유의 스타트업 환경 덕분이라고 이야기한다. 또한 얻은 부를 가지고 사회적 변화에 더욱 동참해 나가는 것이 진정한 성공이라고 생각하는 이들이 많다.

페이스북의 창업자인 마크 주커버그(Mark Zuckerberg)는 억만장자임에도 최근까지도 매우 작은 아파트에서 매트리스 한 장을 깔고 살았고, 심지어는 집에 초고속 통신망도 없어 전화 접속으로 인터넷을 이용했다고 한다. 그는 많은 사람이 타고 다니는 평범한 자동차를 타고 다니며, 지극히 평범한 생활을 해 오고 있지만 이미 여러 차례 수천억 원을 기부했고, 앞으로도 그런 활동을 지속할 것이라고 선언한 바 있다.

마크 주커버그와 함께 페이스북을 창업했던 더스틴 모스코비츠(Dustin Moskovitz)는 포브스가 선정한 세계에서 가장 어린 억만장자다. 자신이 원한다면 크고 멋진 집을 얼마든 살 수 있는 여력이 있겠지만, 그는 현재 샌프란시스코의 허름한 콘도에서 살고 있다. 새로 시작한 회사인 아사나(Asana)로 출근할 때도 자전거를 타고 간다. 그가 소유한 유일한 차 한 대는 차고에 두고 말이다. 그 역시 이미 많은 돈을 자선재단에 기부하였으며, 마크 주커버그와 같이 자신도 평생 동안 쌓게 될 부를 모두 기부할 것이라고 공언하였다. 모스코비츠는 〈LA타임즈〉와의 인터뷰에서 다음과 같이 말했다.

"물질은 행복을 가져다 줄 수 없습니다. 제가 비싼 물건들을 소유하고 그런 것들에 둘러싸여 있는 모습을 상상해 보았는데, 그것이

저의 인생을 의미 있게 만드는 데 아무런 도움이 되지 않는다는 결론에 도달했습니다."

이들뿐만 아니라 실리콘밸리의 젊은 기업가 중 상당수가 비슷한 이야기를 한다. 이들은 성공에 대해서 전통적인 기업가와는 다른 생각과 가치관을 가지고 있다. 그들은 사회적 지위에 전혀 관심이 없는 것이 아니라, 과거와는 다른 방식으로 사회적 지위를 찾는 것이다. 눈에 보이는 좋은 물건 등 물질적인 부를 기준으로 지위를 결정하기보다는 자신들이 만든 제품이나 서비스의 가치를 인정받아 투자자에게 투자를 받거나, 다양한 나라를 여행하면서 사회문제를 해결하는 데 더 높은 가치를 부여한다.

실리콘밸리에서는 성취를 '돈을 주고 사는 것'이 아니라 '쌓아 올리는 것'으로 본다. 따라서 어떻게 하면 자유를 누리면서도 좋은 가치를 많은 사람과 나눌 수 있을지에 대해 고민한다. 실리콘밸리에는 이러한 사고방식을 가진 이들이 많기에 젊은이들이 새로운 가능성을 발견하고 그것을 펼칠 수 있는 기회를 누릴 수 있는 것이다. 서로 나누고, 그 가치를 다시 사회에 환원하는 문화가 일반화되었기 때문이다.

12. 일이 곧 행복이 되는 굿컴퍼니가 늘고 있다

《딜리버링 해피니스 *Delivering Happiness*》는 자포스(Zappos)의 CEO 토니 셰이(Tony Hsieh)가 쓴 책이다. 토니는 타고난 장사꾼이었다. 어렸을 때부터 별별 것을 다 팔아 보았다고 한다. 일반적인 차고 세일이나 레모네이드 판매 등은 물론 지렁이를 길러서 팔기도 했다. 십 대에는 단추를 만들어 파는 제조업까지 해 본 타고난 사업가다. 물론 실패도 많았다. 이러한 모든 경험을 토대로 그는 실패가 성공의 원동력이라는 신념을 가지게 되었고, 실패를 통해 배운 것을 바탕으로 성공에 조금씩 다가갔다. 그가 처음으로 크게 성공한 것은 링크익스체인지(LinkExchange)라는 회사였다. 인터넷 광고와 관련한 네트워크 회사로, 1996년에 하버드대학 동기였던 산제이 마단(Sanjay Madan)과 함께 설립하였다. 이 회사는 1998년 마이크로소프트에 2억 6,500만 달러(약 3,200억 원)라는 거액에 인수되면서 토니에게 큰 성공을 가져다주었다.

그 후 그는 또 다른 사업을 구상하다 1999년 온라인 신발 쇼핑몰을 설립했다. 이 쇼핑몰은 10년 만에 매출 10억 달러(약 1조 2,000억 원)의 기업으로 성장했다. 이것이 바로 그 유명한 '자포스'다. 자포스는 양적인 성장은 물론 미국에서 가장 일하기 좋은 100대 기업에 선정되는 등 승승장구를 이어갔다. 그러나 자포스가 더욱 주목받은 것은 즐거움과 열정이 넘치는 회사였기 때문이다. 회사 생활이 즐거울 수 있도록 다양한 파티와 음악, 그리고 즐거운 놀이가 넘치는 분위기를 만들었다. 모든 직원이 회사 생활을 행복하게 할 수 있도록 만드는 것을 그 무엇보다 중요한 원칙으로 삼았고, 회사 공동의 목표를 공유하는 것도 잊지 않았다. 직원들은 한마음으로 뭉쳐 고객 서비스를 최상으로 끌어올리는 일에 최선을 다해 집중했다.

자포스는 직원을 채용할 때 흔히 하는 업무의 적합성과 경험 그리고 기술 등도 보지만, 최종 합격 여부는 지원자가 치르는 문화적합성(culture fit)이 회사와 맞는가에 따라 결정한다. 회사의 문화를 열 가지 핵심 가치로 정리한 뒤, 회사의 가치와 맞는 지원자를 찾는 것이다. 그렇게 되면 자신의 삶이 곧 자포스의 브랜드가 되고, 회사에서 일하는 시간이 곧 자신의 개인 생활을 하는 것이 되며, 반대로 개인 생활이 곧 회사 생활이 되는, 다소 꿈같이 느껴지는 이상적인 경험을 할 수 있다.

일단 자포스에 채용된 사람들은 직급이나 직책, 그리고 역할에 관계없이 4주간의 트레이닝을 받는다. 그중에는 2주간 콜센터에서 실제 업무를 해 보는 것도 포함된다. 1주차 트레이닝을 마치는 시점 이후부터는 원래 책정되었던 연봉의 일부와 보너스로 2,000달러를 받고 언제든지 회사를 떠날 수 있다. 이것이 회사와의 문화적합성을 보는 과정인데, 가장 중요한 가치를 돈이나 비즈니스가 아닌 문화로 삼는다는 점에서 무척이나 중요한 시각의 변화다.

이런 조직을 만드는 것은 결코 쉽지 않은 일이다. 지금은 틀도 잡히고 이런 문화가 회사 곳곳에 자연스럽게 녹아들었겠지만, 초창기에는 정말 이해시키기 어렵고, 갈등도 많았을 것이며, 창업자의 의도를 의심하는 사람들이 훨씬 많았을 것이다. 특히 초기 투자자였던 세쿼이어 캐피탈과의 갈등은 심각했다고 한다. 회사는 돈을 버는 조직이라고 보는 벤처캐피탈의 입장에서는 자포스의 기업 문화 움직임이 마뜩잖았을 것이다. 특히 닷컴버블이 꺼지며 전자상거래를 표방했던 여러 회사가 무너지는 것을 보면서 그들이 무엇을 염려했을지는 충분히 짐작이 간다. 이런 이유로 자포스가 현금 흐름의 문제로 한창 어려움을 겪을 때도 추가적인 투자를 받지 못했던 위기가 있었다. 하지만 이럴 때도 자포스를 찾는 고객들은 그런 어려움을 전혀 몰랐다고 한다. 그랬기 때문에 고객들은 신뢰를 유지하면서 지속적으로 자포스를 이용했고, 이런 단골 고객들이 결국 자포스를 최고의 회사로 일으켜 세운 원동력이 되었다.

그런 측면에서 토니는 일과 개인 생활을 따로 분리하는 것이 아니라, 통합된 하나의 인생으로 느끼도록 하라고 말한다. 이런 시각은 일반적으로 일과 개인 생활을 분리하고, 이에 대한 균형을 이루어야 한다는 기존의 생각과는 상당히 다르다. 그의 관점대로라면 집에 돌아가서의 인격이나 생활이 회사에서와 다르지 않아야 한다. 다르게 표현하면 회사에 오면 집에 있을 때처럼 편안하게 느끼고, 또한 집으로 돌아가서도 회사처럼 편안함을 느껴야 한다는 것이다. 이런 환경이 된다면 창의성이 발현되기 쉽고 직원도 진정으로 행복해질 수 있다.

최근 실리콘밸리에서는 이런 분위기를 중시하는 회사들이 많이 등장하고 있다. 국내에서도 새롭게 떠오르는 회사들 중에 제니퍼소프트와 핸드스튜디오 등 그런 가치관을 보여 주는 '굿컴퍼니(good company)'가 늘기 시작했다.

13. 인생의 성공에 대한 의미가 달라진다

혁신과 관련한 저술과 강연으로 유명한 하버드 경영대학원의 클레이튼 크리스텐슨(Clayton Christensen) 교수는 2010년 하버드 경영대학원에서 마지막 수업을 하면서 학생들에게 세 가지 질문을 던졌다고 한다. 첫 번째는 '나 자신이 내 커리어를 통해 행복할 수 있다고 어떻게 확신하는가?', 두 번째는 '나의 배우자와 가족들과의 관계가 행복을 지켜가는 원천이라고 어떻게 확신하는가?', 마지막은 '감옥에 가지 않으리라고 어떻게 확신하는가?'였다. 마지막 질문은 다소 가볍게 느껴지지만 전혀 그렇지 않다. 수업을 듣는 서른두 명의 학생 중에서 두 명은 이미 감옥을 가 본 경험이 있었는데, 2001년 파산한 미국의 에너지회사 엔론의 부정회계 사건 등이 이유였다. 그들은 좋은 사람이었지만, 살아가면서 뭔가 잘못된 방향으로 인도되었던 것이다.

첫 번째 질문에 대한 가장 중요한 영감을 주는 이론은 프레드릭 허츠버그(Frederick Herzberg)에게서 배울 수 있다. 그는 돈이 우리 삶의 강력한 동기부여를 하지 않는다고 주장하면서, 그보다는 배울 수 있는 기회와 책임감을 가지고 성숙해 나가는 과정, 다른 사람에게 공헌하는 것, 자신의 성취에 대해 인정받는 것 등이 훨씬 중요하다고 하였다. 크리스텐슨 교수는 교수가 되기 전에 자신이 운영했던 회사의 비전을 이야기하면서 경영의 중요성을 강조하였다.

그의 회사의 관리자 중에는 한 여성 중간관리자가 있었다. 그녀에게 중요했던 것은 무엇이었을까? 물론 연봉도 있었지만, 무엇보다 그녀는 자신이 집에 돌아갈 때 어떤 마음을 가지고 가는지를 생각했다. 자존심이 상했거나 기분이 나쁜 날이면 집으로 돌아가 자녀들을 만났을 때 잘 대하기 어렵다. 반면 성취를 이루고 인정받은 날은 기분 좋게 가족들을 만날 것이고, 행복감을 느낄 것이다. 이처럼 그녀는 배우자이자 부모로서의 개개인의 역할과 긍정적인 영향에 대해 고민했고, 그렇기에 직장에서의 건강한 마인드는 가정, 그리고 결국은 사회를 이끄는 힘이 된다고 믿었다. 이러한 그녀의 시각은 크리스텐슨 교수에게도 관리와 경영의 소중함에 대해 다시 한 번 되새기게 했다.

경영이란 그런 것이다. 가능한 한 많은 방법을 동원하여 사람들이 보다 쉽게 배우고 성장하며, 책임감을 느끼게 하고, 자신들의 성취를 인지하며, 팀의 성공을 위해 공헌하도록 유도하는 것이다. 많은 경영대학원 학생들이 비즈니스란 사고팔고 투자하는 것으로만 생각한다. 하지만 그것은 편협한 생각이다. 어떤 거래를 한다는 것은 사람들과의 관계를 구축하면서 얻게 되는, 깊이 있는 보상에 비할 바가 아니다. 크리스텐슨 교수는 학생들이 행복의 본질에 대해서 마지막까지 고민하기를 바랐다.

크리스텐슨 교수의 두 번째 질문은 전략을 어떻게 정의하고 구현하는가에 대한 문제다. 기업의 경우 회사의 의사결정 시스템은 단기적인 투자를 통해 얼마나 가시적이고 확실한 성과를 내는가에 달린 경우가 많지만, 장기간의 전략에도 어긋나지 않아야 한다. 하버드 경영대학원의 1979년 이후 졸업생들의 인생을 보면 날이 갈수록 그들의 삶이 불행하고, 이혼을 하거나 아이들과 남남처럼 지내는 경우가 많아지고 있다고 한다. 놀랍게도 많은 사람이 일과 돈을 우선시하다가 결국 인생 전반을 살아가는 전략이 바로 그것, 일과 돈이 되어 버리는 상황에 몰리고는 한다. 그 이유는 이들이 시간과 재능, 그리고 에너지를 어떻게 쓸 것인가에 대해서만 고민하지, 인생에 대한 목적에 대해서는 그 중요성을 놓치기 때문이다.

하버드 경영대학원에서는 전 세계에서 매년 900명의 학생들을 뽑고 있는데, 놀랍게도 대부분 자신의 삶의 목적에 대해 그다지 고민하고 있지 않다고 조사되었다. 그래서 크리스텐슨 교수가 마지막 수업 시간에 이런 질문을 던진 것이다. 만약 시간과 에너지가 더 생기면 그때 가서 이러한 주제에 대해 고민하겠다고 말한다면, 그 사람에게는 희망이 없다. 시간이 지날수록 삶은 더욱 많은 것을 요구하기 때문에 여유는 더 없어질 가능성이 높다.

크리스텐슨 교수의 인생의 목적은 명확했다. 그는 꽤나 많은 시간을 고민하였고 목적을 이해하려고 노력했다. 하버드대학 교수로서 빡빡한 일정을 보냈으나, 안식년에는 옥스포드대에서 일하고, 매일 밤 한 시간의 독서와 성찰 그리고 신에게 자신을 지구에 내려 보낸 이유를 묻는 시간을 갖고, 이를 빠짐없이 기록했다. 그 한 시간을 최신 기술과 트렌드 분석 등 일과 관련하여 쓸 수도 있겠지만, 그는 바로 그런 것이 인생을 잘못 사용하는 것이라고 말한다. 그는 학생들에게 시간을 들여 인생의 목적을 더욱 고민하라고 권한다. 좋은 직업을 고르고 이를 성취하기 위해 노력하는 것은 자신의 목표를 달성하기 위한 하나의 도구에 불과하다. 주객이 전도되어서는 안 된다는 것이다.

인생을 살아간다는 것은 결국 자신의 시간, 에너지 그리고 재능을 인생 전략에 맞추어 적재적소에 배분하고 사용하는 것이다. 비즈니스는 어찌 보면 이들 자원을 빼앗아 가려고 덤벼드는 상대다. 우리는 배우자와의 관계, 자녀 양육, 지역사회 공헌, 커리어 관리 등의 목표에 맞추어 자신의 시간, 에너지, 재능 등 모든 것을 배분한다. 기업에서도 이와 비슷한 의사결정을 한다. 제한된 시간과 에너지, 재능과 자산을 가지고 여러 목표를 어떻게 달성할 것인가? 그것이 경영자의 근본적인 질문이다.

어떻게 자원을 배분하느냐에 따라 사람들의 인생은 의도와 매우 다른 방향으로 흘러갈 수 있다. 자원을 잘못 투자하면 결과가 나쁠 수밖에 없다. 어떤 사람들은 성취에 대한 매우 높은 욕구를 가지고 있는데, 하버드 경영대학원 졸업생의 상당수가 그렇다. 이들은 약간의 시간과 에너지가 생기면 무의식적으로 즉각적인 성취를 이루기 위한 활동에 투자하는 경우가 많다. 또한 성공에 있어 무엇보다 구체적이고 견고한 증거가 되는 '커리어'에 집착한다. 제품을 디자인하고, 프레젠테이션을 마치고, 성공적인 영업을 하고, 강의를 마치고, 논문을 발표하고, 연봉을 올리고, 진급하는 이런 것들을 최우선으로 삼고 투자를 지속하는 것이다.

자신의 배우자나 아이들과의 관계에 투자하는 것은 위에서 언급한 것과 같은 즉각적인 성과가 나타나지 않는다. 그렇지만 20년이 지나서 이런 투자를 소홀히 한 사람에게 인생은 어떤 결과를 보여 줄까? 남들보다 앞서기 원하는 사람들의 상당수는 자신도 모르는 사이에 가족을 포함한 사회적 관계 등에 있어서는 과소 투자를 하고, 자신의 커리어를 위해서는 과다 투자를 한다. 인생을 경영한다는 입장에서 볼 때 가족은 지속적인 행복의 원천임에도 불구하고 말이다.

크리스텐슨 교수의 강의 중에는 '협조의 도구(tools of cooperation)'라는 모델이 있다. 이는 변화를 보지 못하는 직원들에게 다양한 도구들을 활용해서 보다 명확하게 미래를 보여 주고, 회사를 새로운 방향으로 이끌어 나가는 데 협조하게 만드는 방법이다.

먼저는 기업 활동을 통해 '얻고자 하는 것'과 '만들어질 결과'를 두 축으로 나누고, 조직 구성원들이 각각에 동의하는 정도를 측정한다. 양쪽 모두에 동의하는 정도가 낮다면 위협이나 징벌 등의 파워 툴(power tools, 힘과 권위를 이용하여 강압하는 방식)을 이용해 협조를 담보하게 될 것이다. 이 과정에서 회사의 경영자들은 반드시 해야 하는 일과 무엇을 어떻게 할 것인지를 결정하고 직원들에게 이를 전달한다. 이렇게 결정을 내리고 실천하는 과정을 반복하다 보면 자연스럽게 '교감(consensus)'이 생긴다.

MIT의 에드거 샤인(Edgar Schein) 교수는 이를 문화가 구축되는 현상으로 설명한다. 반복되는 문제와 대응은 문화를 만들고, 관행과 본능에 따라 문화를 따르게 된다는 것이다.

이를 가정에 적용하면 어떨까? 보통의 부모는 아이들의 협조를 구하기 위해 가장 쉽게 파워 툴을 도구로 선택할 것이다. 어렸을 때는 이것이 먹힌다. 그러나 아이들이 청소년기가 되면 이 파워 툴이 먹히지 않는다. 그제야 부모는 가정 문화를 만드는 데 소홀했던 것을 후회한다. 아이가 어렸을 때 공감을 통해 문제를 해결하고, 부모를 존경하고, 옳은 일을 따라 결정을 내리는 문화를 형성하였다면, 자녀가 청소년기가 되었을 때 겪게 되는 통제의 어려움은 덜하게 될 것이다.

아이들이 강한 자존감과 자신감을 가지고 어려운 문제를 해결해 나가도록 키우고 싶다면, 가족 문화에 이런 내용을 심어야 한다. 아이들은 어려운 일에 도전하고 해결 방법을 배우는 과정을 통해 자연스럽게 자존감을 익히게 된다.

하버드 경영대학원에 들어올 정도의 인재라면, 아마 입학하기 전에 부모님부터 여러 선생님까지 수많은 똑똑한 사람들, 경험이 많은 사람들에게 무언가를 배웠을 것이다. 그러나 졸업하고 사회에 나가게 되면, 사회에서 만나는 대다수가 본인보다 못하다고 느끼게 될 것이다. 이때 본인보다 똑똑한 사람들에게서만 배우겠다는 태도를 가진다면 배움의 기회는 매우 제한된다. 도리어 겸손한 태도를 가지고 모든 사람에게서 배우려는 욕망을 가진다면, 배움의 기회는 무제한으로 확대된다. 오만하고 다른 사람에게 지나치게 많은 것을 요구하는 사람은 자존감이 낮다는 것을 스스로 드러내는 것과 다름없다.

크리스텐슨 교수는 현재 혈액암의 일종인 악성 임파종으로 진단받고 투병 중에 있다. 얼마 전에는 경미한 뇌경색 증세도 있었다. 그랬기 때문에 더욱 인생에 대해 이렇게 절절한 메시지를 남겼는지 모른다. 그토록 큰 업적을 남기고 명성을 떨쳤던 그가 결국 인생에 있어 행복하다고 느끼는 순간, 인생의 마지막을 준비한다는 느낌이 들었을 때는 주변과 자신을 아는 사람들과의 관계가 훨씬 소중하다는 교훈을 깨달은 것이다. 이를 바탕으로 그는 2010년 마지막 수업에서 개개인의 성취도 중요하지만, 자신을 도와주었던 사람들이 얼마나 잘되었는지 고민하라는 메시지를 남기고 있다. 그가 마지막으로 남긴 말은 아래와 같다.

"당신의 인생을 판단할 평가지표에 대해서 생각해 보라. 그리고 매일매일의 삶에서 그 해법을 찾고 수행하라. 그러면 인생의 마지막에 당신의 인생은 성공으로 판정날 것이다."

14. 나의 '열정과 희망'이 미래 핵심 가치가 아니다

세계의 경제위기와 실업에 대해 이야기하면서, 특히나 가장 큰 문제로 대두되고 있는 것이 바로 젊은이들의 미래와 관련한 것이다. 이런 세태를 반영하듯, 힐링에 대한 책들이 지속적인 사랑을 받고 있다. 공감을 중심으로 하는 따뜻한 리더십을 가진 이들의 '아픈 청춘' 달래기가 계속되고 있는 것이다.

젊은이들에게 미래를 이야기할 때 빠지지 않는 것은 아마도 '열정

(passion)'과 '희망(hope)'일 것이다. 일자리가 없는 상황이 지속되고 있지만, 이런 '열정과 희망'마저 사라진다면 이들에게 남는 것이 무엇이겠는가?

그러나 현실은 그렇게 녹록하지 않다. 사회의 멘토로서 보듬어 주고 공감하며 희망을 주는 것도 중요하지만, 이들이 미래 사회에서 실질적으로 중요한 역할을 할 수 있는 새로운 키워드를 제시하고 실질적인 희망을 만들어 주지 못한다면 정말로 우리 사회의 미래는 어두워질 수도 있다. 일자리가 없는 상황이 지속된다면 '열정과 희망'을 믿고 기다려 온 수많은 젊은이들은 심한 배신감을 느낄지도 모를 일이다. 일부의 성공 사례는 나오겠지만, 많은 이들이 비교적 보편적으로 믿고 따름으로써 성과를 얻을 수 있는 키워드는 이것으로 부족하다.

이와 관련하여 필리핀의 사회적 기업가 올리버 세고비아(Oliver Segovia)는 〈하버드 비즈니스 리뷰 *Harvard Business Review*〉에 다음과 같은 멋진 말을 남겼다. "행복은 내가 사랑하고, 잘하고, 세상이 원하는 것의 교차점에 있다(Happiness comes from the intersection of what you love, what you're good at, and what the world needs)."

열정은 매우 중요하다. 그렇지만 열정만으로 사회적 가치를 만들어 내기에 많이 부족하다. 사회적 가치를 만들어 내기 위해서는 우리 사회가 무엇을 원하는지 먼저 파악해야 한다. 이런 과정을 통해 찾아낸 사회의 필요성을 화두에 두고 논의하는 것이 무엇보다 중요하다.

나 자신도 중요하지만, 나를 '중심'에 두어서는 사회적 가치를 만들 수 없다. 이것이 '열정과 희망'만으로 부족한 가장 큰 이유다. 자신이 중요한 것이 아니라, '어떻게 내가 사회적 가치를 만들어서 공헌할 수 있을 것인가?'가 더욱 근본적인 질문이 되어야 한다. 일단 문제를 찾아내고, 사회적인 가치를 많이 만들어 내기 시작하는 사람들은 어떤 방식으로든 보상받게 되어 있다. 보상의 크기가 크거나 작고, 보상이 돌아오는 시기가 빠르고 늦은 차이는 있을지 모르지만 말이다.

이를 위해서는 무엇보다 나 자신에 대한 집착에서 벗어나 세상을 둘러보아야 한다. 책도 많이 보고 여행도 많이 해야 하지만, 사회에서의 경험을 어떤 식으로든 쌓아 나가면서 세상을 알아야 한다. 우리 사회에는 수많은 기업이나 정부가 해결하지 못하는 문제들이 산적해 있다. 기후변화, 교육 문제, 빈부 격차, 고령화 사회, 기술과 세계화의 부작용 등 간단히 나열하기 어려운 수많은 문제들이다. 이것이 모두 기회다. 수많은 기회가 있으니, 문제를 찾는 것은 생각보다 쉬운 일이다. 그렇지만 그 문제를 명확하고도 자세히 알기 위해서는 심도 있는 공부는 물론 실제 이와 관련되어 있는 사람들이나 단체와 함께 움직여 보는 것이 더욱 좋을 것이다.

그 다음은 어떻게 해야 할까? 스스로를 정확히 파악하게 해야 한다. 세상의 문제를 해결하는 데 도움이 되기 위해서 내가 할 수 있는 것이 무엇일까? 그리고 그 일이 나를 불타오르게 하는가? 나는 이 문제를 해소하는 데 조금이나마 도움이 될 수 있는 자질과 능력이 있는가? 이러한 내용에 대해 아이들이 스스로 생각해 보게 해야 한다. 아이들이 좋아하고 잘할 수 있는 일이라면 과감하게 나설 수 있도록 지원해야 한다. 돈이 없다면 자원봉사로 시작하면 된다. 어차피 학교 안에서 공부만 하고 있는 것보다는 현장에서 부딪히는 것이 더 많은 것을 가르쳐 준다.

이렇게 목적 지향적으로 움직일 때, 그리고 그것이 개인의 역량을 통해 변화를 끌어낼 수 있을 때 비로소 진정한 '열정과 희망'이 피어오를 것이다. 그리고 같은 문제 인식을 가지고 있으면서, 개인적인 역량이 다르면서도 열정을 가지고 일하고자 하는 친구들을 최대한 많이 찾아내는 것이 중요하다. 다행히 최근의 ICT기술과 소셜 웹 환경은 이런 기회를 만드는 데 중요한 역할을 하고 있다.

행복은 열심히 찾기만 한다고 미소 짓지 않는다. 역설적이게도 '행복해야 하는데'라는 걱정을 덜 하는 것이 가장 빨리 행복해지는 법이라는 말도 있다. 세상과 하나 되어 나 자신의 역할을 묵묵하게 수행하면서, 진정한 사회적 가치를 만들어 낼 때 내가 행복할 뿐만 아니라 세상에 행복을 전파하는 사람이 될 수 있다. 나 자신이 가장 잘할 수 있는 것을, 열정을 가지고, 사회적 가치로 만들어 낼 때 기회가 주어질 것이다.

CHAPTER 4.

미래 교육은
이렇게 달라진다

존 듀이는 철학과 심리학을 전공했지만 교육운동가로 더 유명했던 실용주의 학자다. 그가 교육에 있어서 중요시 한 것은 '실천을 통한 배움(learning by doing)'이었다. 그는 학교가 곧 인생의 축소판이며, 교육은 인생을 준비하기 위한 것이 아니라 교육이 곧 인생이라고 주장하였다.

아이들이 자라서 어느 정도 자기 앞가림을 할 나이가 되면 초등학교에 가고, 중학교와 고등학교를 거쳐서 대학교에 간다. 누구나 너무나 자연스럽게 생각하는 이 과정에 대해서 우리는 의문을 가질 필요가 없는 것일까? 우리 아이들이 배우는 학습 과정이나 교과를 가르치는 방법 등은 모두 표준화가 진행되었으며, 시험을 보고 성적을 매기는 것도 어디나 똑같다. 심지어 교과 시간도 1분 1초 다르지 않고 정확하게 표준화되어 있다. 개별적 능력이나 상황은 고려하지 않은 채 말이다.

15. 공장형 대중교육 시스템의 변화는 시작됐다

수천 년간 이어진 농업 위주의 사회에서는 자녀를 교육하고 환자를 보살피고 노인을 모시는 일을 모두 가정에서 담당했다. 이러한 시스템에 변화를 가져오게 된 것은 다름 아닌 산업혁명이다. 수많은 사람들이 도시로 몰려들고, 대량생산을 위해 공장에서는 대규모 인력을 차출했는데, 이를 위해 가정의 가장 기본적인 기능 중에서 교육에 대한 변화가 필요할 수밖에 없었다. 결국 이런 문제는 공교육 시스템과 학교의 탄생을 가져왔다.

역사는 곧 미래를 예측하게 한다. 즉 앞으로도 사회 시스템에 변화가 일어날 경우, 결국 지금 우리가 당연하게 생각하는 현재의 교육 시스템에도 근본적인 변화가 나타날 수 있다는 말이다. 당장 미국에서는 많은 수의 노동력이 파트타임 또는 재택근무로 전환되는 경우가 늘고 있으며, 인터넷 혁명에 의해 집에서 해결할 수 있는 일이 많아지니 부모들이 가정에서 보내는 시간도 늘어났다. 이에 따라 가정에서의 교육에 대한 부모의 관심도 다시 높아졌다. 최근에는 부모들이 지역사회에 직접 학교를 세워서 관리하는 형태도 늘어나고 있으며, 인터넷을 통해 다양한 형태의 교재와 강의를 접할 수 있기 때문에 학교의 근본적인 역할에 대한 의문을 제기할 수도 있는 상황이 되고 있다.

공장형 학교 교육에 대한 문제는 이전부터 꾸준히 제기되어 왔다. 그렇지만 근본적으로 학교 시스템에 대해 대대적인 수술을 하겠다는 국가는 아직 없다. 학교라는 곳은 누구나 당연히 다녀야 하는 곳이라고 생각하고 있으며, 오로지 교사만이 교육할 수 있다는 고정된 사고도 변함이 없다. 과연 그것이 진실일까? 이제는 다양한 형태의 온·오프라인 커뮤니티 활동을 통해 원하는 사람들과 국경을 넘어서도 만날 수 있는 시대이고, 배우는 것도 온라인으로 모두 가능하다. 이렇게 맺어진 관계에서도 규율과 에티켓을 배울 수 있으며, 사회적인 경험도 가능하고 경우에 따라서 원하는 창의적인 활동을 마음껏 하면서 열정을 불태울 수도 있다. 이제 다시 생각해 보자. 정말로 우리는 학교라는 것에 집착해야만 할까?

16. 변화의 속도를 따라가는 바이럴 교육의 시대다

컴퓨터를 조금 다룰 수 있게 되면 다양한 시도를 하게 되는데, 복잡한 기계이다 보니 그만큼 다양한 문제가 발생한다. 기계의 고장이라면 AS를 부르거나 매장에 반품할 수도 있지만 사용법이나 새로운 툴을 시도해 보다가 막막해진 문제라면 AS 개념은 통하지 않는다. 이런 경우 가장 좋은 선생님은 주변의 이웃, 친구, 동료 또는 같은 컴퓨터나 소프트웨어를 먼저 써 본 사람들이다. 한 달이라도 먼저 이러한 과정을 거친 사람들은 문제의 해결 방법을 알고 있었고, 이렇게 꼬리에 꼬리를 물고 가르치다 보니 결국에는 컴퓨터에 대한 정보 교환이 엄청나게 쉽게 이루어지게 된다. 한마디로 정식 교과나 커리큘럼이 있었던 것도 아닌 초창기 컴퓨터 교육은 바이럴 교육, 즉 입소문 형태로 전파된 것이다. 이러한 세계에서는 영원한 스승과 제자의 관계가 성립하지 않는다. 어떤 소프트웨어나 서비스 등에 대해 배울 때는 스승이었던 사람이, 다른 것을 할 때는 역으로 제자가 되기도 한다.

　이것은 놀라운 발전이다. 과거 컴퓨터 소프트웨어를 설치 또는 삭제하거나 하드웨어를 업그레이드하는 것과 같은 일은 아주 극소수의 전문가나 하던 일로 치부되었다. 그런데 오늘날에는 이것이 누구나 할 수 있는 일이 되었다. 정규 교육과정도 없이 말이다. 학습에 대한 통제도 없었고, 특별히 조직화되었던 것도 아니다.

　우리가 필요로 하는 교육이나 소양 그리고 지식과 같은 것들의 목록을 어느 정도 알고 있다면, 공식적으로 유료 강의를 신청해서 듣거나 혹은 스스로 공부하거나, 해당 지식을 잘 알고 있는 전문가들에게 비공식적으로 지식을 전수받을 수 있는 교육 방식은 이미 우리에게 더 이상 낯설지 않다. 그 효율성도 많은 이들에 의해 증명되고 있다.

현대의 컴퓨터 교육과 같이 필수적인 지식이 갑자기 등장해서 학생들에게 반드시 전파되어야 하는 경우가 있다고 하면, 대량 교육 방식에서는 어떻게 대응해야 할까? 아마도 필요로 하는 기자재를 모두 구입하고, 교육과정도 만들어야 하고, 교육 시간을 정하고, 교사들을 훈련시키고 동시에 이를 집행할 예산을 구해야 할 것이다. 여기에 필요한 시간과 비용이 지출되는 시점에는 이미 다른 방식을 통해서 지식의 확산이 진행된 이후가 될 것이다. 오늘날 변화의 속도와 엄청난 다양성을 고려할 때 공장형 학교의 교육 시스템이 점차 경쟁력을 잃고 있는 것이다.

17. 학교와 선생님, 교육의 철학까지 패러다임이 바뀌고 있다

최근 천편일률적인 교육 방식에 도전하는 실험적인 시도가 전 세계 교육 현장에서 하나둘 나타나고 있다. 가장 두드러진 변화는 ICT 기술의 발달로 다양한 형태의 소프트웨어와 온라인 콘텐츠가 등장하면서 전통적인 교사의 역할을 대체하기 시작했다는 점이다. 선생님이 지식 전달자의 역할을 하지 않더라도 지식을 습득하는 데 아무런 문제가 없다. 이렇게 변화된 환경에서 선생님들의 역할도 확장되어야 한다. 이제는 보다 인간적인 관계를 중심으로 아이들의 멘토나 코치 역할을 할 수 있도록 전반적인 변화가 필요하다는 주장이 힘을 얻고 있다. 강의보다는 아이들을 이해하고 그들을 이끌 수 있는 카운슬러의 역할, 그리고 사회와의 화합을 위한 준비 과정으로서의 학교를 그려 볼 필요가 있다.

아이들이 학교를 다니는 시기는 성인이 되어 독자적으로 사회에서 생존할 수 있도록 준비하는 기간이라고 말할 수 있다. 이 시기에 중요한 것은 아이들이 사회와 소통하고 관계 맺는 방법을 배우고, 계속 변화하는 사회에서 적응할 수 있는 내성을 키우는 것이다. 이를 위해서는 학교의 친구들과 관계를 맺고 협업하는 연습, 그리고 사회에 대해 비판적이면서도 독자적인 시각을 갖추고 자신을 계발할 수 있는 능력을 만들어 가야 한다.

그런 측면에서 아이들이 독자적으로, 그러나 사회와의 협력을 통해 문제를 해결할 수 있도록 연습을 시키는 것이 중요하다. 학습의 측면에서는 자기주도학습이 중요하며, 단순히 교육 콘텐츠를 보고 읽고 외우고 시험을 보는 것뿐만 아니라 자신만의 콘텐츠를 만들고, 이렇게 만든 콘텐츠를 선생님, 친구들과 공유하고 새로운 가치를 창출하는 연습을 해야 한다. 어떤 프로젝트를 경험하면서 자신의 의견을 간단하게나마 댓글의 형태나 소셜 네트워크 서비스 등을 통해 이야기한다거나, 학습에 도움이 되는 좋은 콘텐츠를 발견해서 공유하는 것과 같은 단순한 활동도 큰 도움이 될 것이다.

새로운 개념을 기존의 전통적인 교육 방식에 접목하는 것이 간단하지 않지만 그렇다고 엄청나게 어려운 작업도 아니다. 선생님과 학생들에게 해당 연령대에 필요한 교육 목표와 요구사항을 알려 주고,

이들이 교과서나 비디오 콘텐츠, 실험, 시뮬레이션이나 교육용 게임 등을 활용해서 스스로 공부하고 배움을 추구할 수 있는 방법을 제시한다. 다양한 쌍방향 경험을 제공하기 위해서, 자신이 직접 도전할 수 있는 테스트 방법을 만들어 제시하고 페이스북 등의 소셜 네트워크를 통해 언제라도 선생님과 친구들과 함께 협업과 코칭을 받을 수 있도록 교육 방식을 개선할 수도 있을 것이다. 중요한 것은 이렇게 새로운 교육 철학에 대한 공감대를 형성하는 것이다.

또 한 가지 기억해야 하는 것은 아이들 스스로가 협력을 통해서 많은 것을 서로에게 배우고 성장한다는 점이다. 이런 현상은 인도의 "벽에 낸 구멍(Hole in the Wall)"이라는 프로젝트를 통해 많이 알려졌다. 인도의 교육학자인 수가타 미트라(Sugata Mitra) 박사는 인도 델리 빈민가의 한 건물 벽에 구멍을 내고 그곳에 컴퓨터를 설치했다. 그리고 누구나 와서 이 컴퓨터를 만질 수 있게 했다. 그러자 자발적으로 동기부여가 된 아이들은 석 달도 채 안 되는 시간 동안 컴퓨터의 조작법은 물론 인터넷 사용과 기초적인 외국어를 습득해 컴퓨터에 설치된 소프트웨어의 매뉴얼을 읽을 수 있게 되었다. 아이들이 스스로 알아낸 것을 하나둘 씩 공유하면서 이룬 성과였다. 영어조차 모르던 아이들은 이후 다시 만난 미트라 박사에게 이렇게 말했다. "게임을 하려면 좀 더 빠른 프로세서(processor, 컴퓨터의 CPU를 의미)와 좋은 마우스가 필요해요."

배워야 한다는 의무가 아닌, 호기심에서 시작된 학습은 그 효과가 이처럼 확연히 드러난다. TED 강연을 통해 이 프로젝트를 소개한 미트라 박사는 다음과 같이 말했다. "아이들이 스스로 학습 환경을 만들 수 있는 여건을 제공한다면, 누구나 스스로 배울 수 있습니다."

새로운 기술과 사회의 변화는 우리가 지금까지 너무나 당연하게 생각했던 학교와 선생님의 역할, 그리고 교육 철학을 바꾸어 놓을 수밖에 없다. 이런 변화는 초등학교, 중학교, 고등학교뿐만 아니라 대학에서도 마찬가지로 적용될 수 있으며, 더 넓게는 교육과 학교의 역할에 대해서도 근본적인 의문을 제기하게 되는 시기가 올 것이다.

이러한 변화를 주도하는 교육 혁신가들은 이미 다양한 실험을 통해서 미래를 개척해 나가기 시작했다. 칸 아카데미를 통해 전 세계적인 온라인 교육 돌풍을 일으키고 있는 살만 칸(Salman Khan)이나, 스탠포드대학의 정년 보장이라는 조건을 뿌리치고 전 세계 대학 교육의 혁신을 일으키고 있는 무료 온라인 강좌인 유다시티(www.udacity.com)를 연 서배스천 스런(Sebastian Thrun) 교수 같은 선구자들의 등장, 그리고 이런 변화를 읽고 새로운 강의 시스템을 공짜로 개방하여 운영하기 시작한 하버드대학과 MIT의 edx프로그램의 탄생은 이제 시작에 불과하다. 교육에 대한 보다 근본적인 고민을 해야 할 시기다.

18. 미래를 준비하는 부모의 역할이 달라진다

미래 사회는 창의적이고 공감을 잘하는 인재를 필요로 한다. 창의적이고 공감적인 사고는 다양한 경험과 시도를 통해 키울 수 있다.

말콤 글래드웰(Malcolm Gladwell)이 《아웃라이어 *Outliers*》를 통해 언급했듯, 세계적인 인재들은 공식적인 학교 교육 이외에 자신의 재능을 꽃피울 수 있었던 특별한 기회나 환경을 가지고 있었다. 또한 이를 간과하지 않은 부모들에 의해 독창성을 유지한 채 특출하게 성장하게 되었다.

미래에는 결국 많은 사람과 소통하고 나누며 자신의 일을 행복하게 하는 사람이 성공한다. 그러나 억지로 각인된 꿈은 행복으로 이어지기 어렵다. 기존의 인재들이 자신의 재능을 꽃피울 수 있었던 자신만의 기회를 가졌듯, 부모들은 아이에게 그만의 특별한 경험과 재능을 키울 수 있는 다양한 기회를 제공해야 한다. 부모의 바람과 가치관을 따르는 길이 아닌, 아이가 원하고 잘하고 사회가 원하는 행복한 미래를 이루기 위해서다.

미래 사회가 어떻게 변하는지에 대한 부모의 선행학습이 필요하다. 미래의 인재상이 무엇인지 바로 이해해야 올바른 방향성을 가지고 아이를 교육시킬 수 있다. 현재의 학교 시스템과 사교육 열풍에 의해 공장에서 제품을 생산해 내듯 획일적인 인재상을 찍어 내는 풍토가 얼마나 갈까? 이는 결국 20년 뒤에 어떤 사람이 더 성공하고 자신이 원하는 행복한 인생을 살아가는지에 의해서 결론이 날 것이다.

정보가 넘치는 세상이다. 아이들의 재능을 꽃피우게 할 방법과 이렇게 가지게 된 재능을 어떤 방식으로 자신들의 삶과 연결시킬 것인지에 대해 부모도 같이 고민할 수 있다. 이를 생업과 직업으로 연결시키기 위해서는 단순히 아이가 좋아하는 분야를 찾고 해당되는 재능을 찾는 것만으로는 안 될 것이다. 소통 능력이나 사회관계, 경제에 대한 개념, 또는 과학이나 수학 같은 것들이 필요할 수도 있다. 그렇다면 아이들은 자신의 꿈을 위해 공부해야 하는 당위성을 파악하게 되는 것이다.

 부모는 미래를 읽을 수 있는 혜안을 가지려는 노력을 게을리해서는 안 된다. 어찌 보면 아이들의 미래를 결정지을 수 있는 소중한 학창 시절은 부모들의 노력에 달려 있다고 해도 과언이 아니다. 요즘 유행하는 '할아버지의 재력, 아빠의 무관심, 엄마의 정보력, 그리고 동생의 희생'이라는 우스갯말과는 차원이 다른 부모들의 노력이 절대적으로 필요한 시기다.

PART 02

미래를 지배할 인재

3가지 유형 & 6가지 조건

CHAPTER 1.

통섭형 인재의 시대: '한 우물'만 파다가는 우물에 갇힌다

'한 우물만 파라'는 말이 있다. 공부를 하든 일을 하든, 하나를 열심히 해 그 분야에서 두각을 나타내라는 뜻이다. 말콤 글래드웰은《아웃라이어》에서 '1만 시간의 법칙'을 이야기하면서 어떤 것이든 1만 시간 정도는 투자해야 빛을 낼 수 있다고 주장했는데, 그의 이야기도 이 속담과 비슷한 맥락이라고 할 수 있다.

그런데 이 속담에는 결정적인 함정이 있다. 또 다른 속담으로 빗대어 이야기하면, 한 우물만 파다가 잘못하면 '우물 안 개구리'가 되기 쉽다는 것이다. 이러한 경향은 변화의 속도가 빠르고 인터넷을 통해 지식이 보편화되며, 많은 사람이 전문가와 대등한 의사 표현과 영향력을 발휘하기 시작하는 미래 사회에 더욱 가속화될 가능성이 높다.

그렇다고 우물을 깊이 파지 말라는 것은 아니다. 최근 우수한 융합형 인재를 일컬을 때 'T자형 인재'라고 한다. 이들은 최소한 하나의 전문성을 가진 것에서 시작한다. 다만 '한' 우물에만 지나치게 몰입해서는 안 된다는 것이다. 이전에는 하나의 전문성만 가지면 전문화되고 안정화된 사회의 다양한 조직에서 자리를 확보하여 살아가는 데 별다른 문제가 없었지만, 이제는 그것만으로는 부족하다.

T자형 인재라는 말은 미국을 대표하는 기업인 제너럴일렉트릭(GE)에서 처음 언급했다. 수평적으로 다른 분야에 대한 지식과 문제해결 능력을 다양하게 갖추며, 수직적으로는 특정 분야의 전문성과 능력을 깊이 있게 가진 인재를 말한다. 한 우물만 파기보다는 우물을 깊이 파면서, 동시에 다른 우물과 연결을 지을 수 있는 종합적인 사고 능력을 가진 사람이 바로 T자형 인재다.

안철수 의원은 안철수연구소 시절부터 A자형 인재를 융합형 인재의 표상으로 이야기하였다. 그가 강조한 A자형 인재는 '전공에 대한 깊은 지식, 다양한 분야에 대한 넓은 상식, 그리고 커뮤니케이션 능력'이 골고루 조화된 인재다. 현대사회는 여러 사람이 모여 하나의 작품을 만들어 가는 시대다. 아무리 깊고 많은 지식을 가지고 있어도 이를 타인에게 전달하지 못하고 다른 사람의 지식과 감성을 포용할 수 없다면 '죽은 능력'에 지나지 않는다는 점을 감안할 때, A자형 인재론은 기존의 T자형 인재에 '커뮤니케이션 능력'을 더욱 강조하였다고 볼 수 있다.

1. 좌뇌와 우뇌를 모두
   활용할 수 있는 인재

르네상스를 대표했던 천재적 예술가 레오나르도 다빈치는 왼손잡이였다. 과거에 왼손잡이는 잘못된 것이라는 편견이 있던 데다가 그 수도 적었기 때문에 왼손잡이인 사람들은 이런 사실을 외부에 드러내고 싶어 하지 않았다. 하지만 다빈치는 왼손잡이라는 사실을 부끄러워하지 않았다. 그가 남긴 큰 업적과 영향력으로 후세에는 '왼손잡이는 창의적이다'라는 믿음으로 바뀌기도 하였다. 그뿐 아니라 다빈치와 동시대 인물인 미켈란젤로와 20세기 최고의 예술가로 꼽히는 피카소 등 많은 예술가들이 왼손잡이였다.

인간의 좌뇌와 우뇌가 서로 다른 역할을 한다는 것을 실험을 통해 처음 밝힌 사람은 미국의 신경생물학자인 로저 스페리(Roger Sperry)다. 그는 이 연구로 1981년 노벨의학상까지 수상하였다. 일반적으로 우뇌가 우세한 사람은 창조적이고 예술적이며, 문제 해결에 있어서 감정이나 직관에 의존하는 경향이 높다. 다른 말로는 엉뚱한 곳으로 튀는 경향이 많아서 발산적 사고(divergent thinking)를 한다고 말하기도 한다. 그에 비해 좌뇌가 우세한 사람들은 논리적이고 분석적이며, 신중하고 계획적이다. 그만큼 일 처리도 세심하게 잘한다. 흔히 우리가 '공부를 잘한다'고 하는 것은 이런 좌뇌의 특성과 밀접하고, 기업에서 실수 없이 맡은 일을 잘 처리하는 것도 이런 좌뇌형 인간에게 잘 맞기 때문에 그동안의 산업사회에서는 좌뇌형 인간이 득세한 것이 사실이다. 좌뇌형 인간은 여러 가지를 종합하고 분석하는 능력이 뛰어나기 때문에 수렴적 사고(convergent thinking)를 한다고 말하기도 한다.

필자가 운영하는 블로그의 제목인 "하이컨셉 & 하이터치"는 다니엘 핑크가 쓴《새로운 미래가 온다》에서 따온 것이다. 다니엘 핑크는 미래가 하이컨셉(high concept), 하이터치(high touch)의 시대라고 말하는데, 그의 통찰력 있는 분석은 먼 미래가 아니라 이미 현실에서 체감할 정도로 가까이 와 있는 상황이다. 분석을 통해 만들어 가는 지식만으로는 이제 더 이상 인류에게 새로운 삶의 부가가치를 만들어 주기 어렵다. 이제는 분야를 넘나드는 재능을 갖추고, 분석보다는 큰 그림을 읽을 줄 아는 감성적인 우뇌의 능력이 발달된 인재가 필요하다. 이 책에서 다니엘 핑크는 디자인, 스토리, 조화, 공감, 놀이, 의미라는 여섯 가지 재능을 하이컨셉과 하이터치 시대인 미래 인재의 조건으로 설명하였다.

2010년 IBM에서 1,500명의 CEO에게 미래에 가장 중요한 리더십 덕목이 무엇이라고 생각하는지 조사하였는데 그 결과 가장 많은 CEO들이 선정한 것은 바로 '창의력(creativity)'이었다. 창의력이란 무엇일까? 창의력을 한마디로 정의하기란 쉽지 않지만 흔히 창의력은 '무엇인가 독창적이고 유용한 것을 만드는 능력'을 의미한다. 창의력을 가지려면 발산적 사고와 수렴적 사고를 동시에 해야 한다. 결국 우뇌와 좌뇌를 모두 잘 활용하는 사람이 '창의적'이라는 것이다. 다양하고 독특한 아이디어를 많이 만들어 내고, 이들 중에서 가장 좋은 결과를 끌어낼 수 있는 아이디어를 조합하는 과정을 반복하면서, 기획과 실행을 주도해 나가는 인재는 미래의 어떤 기업이나 조직에서도 탐을 내기 마련이다.

사람에 따라 선천적으로 번뜩이는 아이디어가 풍부한 사람이 있는 반면 침착한 성격에 집중력이 뛰어나며 분석적 사고를 잘하는 사람들이 있다. 선천적인 기질이 이렇게 다를 수 있지만 창의력은 발산적 사고와 수렴적 사고를 자연스럽게 반복하는 것으로 길러질 수 있다. 그렇기 때문에 어떻게 교육하느냐가 중요한 것이다.

사람들은 문제에 봉착하게 되면 일단 사실 관계를 집중적으로 파악하고, 자신이 해결할 수 있는 해법이나 경험이 있는지 찾아본다. 이 과정은 기억과 지식에 의존하는 부분이기 때문에, 지식이 많고 좌뇌 훈련이 잘 되어 있어 집중력이 높은 사람들이 답을 잘 찾아낸다. 이 과정에서 답을 찾지 못하거나 해결책이 나오지 않는다면 이제는 직접 연관되지 않은 것들을 동원해서 답을 찾는 과정을 이용하게 되는데, 이때는 우뇌가 중요한 역할을 한다. 직접 경험하지는 못했지만 어렴풋이 비슷한 것들, 그리고 다중의 의미를 가졌던 기억들이 동원되면서 현재의 상황과 연계시켜 일정한 패턴을 찾아내는 과정을 거치는 것이다. 이와 같이 수렴적 사고와 발산적 사고는 번갈아 가면서 그 역할을 하며, 어느 쪽이 먼저 동작하라는 규칙은 없다.

그러므로 수렴적 사고와 발산적 사고를 자유롭게 전환하는 연습도 필요한데, 종종 새로운 정보를 과거의 정보나 지나간 아이디어와 결합시키거나 잠시 말도 안 되는 엉뚱한 아이디어들을 계속 내놓다가 이를 정리하고 단단하게 만드는 작업을 반복하면 창의력을 키울 수 있다. 뉴멕시코대학의 신경과학자인 렉스 정(Rex Jung)은 뇌의 창의적인 네트워크를 빠르고 효과적으로 이용하기 위한 연습을 부지런히 한 사람이 확실히 창의적인 활동을 잘한다는 연구 결과를 발표하기도 하였다.

2. '무조건 열심히'가 아니라 '넓고 많이' 보는 시대

미래 사회에서 필요로 하는 융합형 인재가 되기 위해서는 '무조건 열심히' 공부해서 원하는 대학의 인기학과에 들어가는 것으로는 부족하다. 그런 길을 간 아이들은 남들이 정해 놓은 길을 걸어가는 것은 잘할지 몰라도, 실제로 사회에서 자신의 능력을 인정받고 동료들과 협력하여 창의적인 결과를 만들어 내는 능력은 부족한 경우가 많다. 사회는 그런 사람들에게 기회를 주지 않는다. '열심히' 하는 태도는 앞으로도 중요한 미덕이겠지만, 그 이상으로 '넓고 많이' 보고 배우며 지속적으로 변화되는 사회에 대응할 수 있는 유연함을 기르는 학습이 필요하다.

아이가 초등학교에 입학하기 전에 하는 놀이는 창의력을 발달시키는 데 큰 도움이 된다. 그중에서도 서로 다른 역할을 맡아 가상의 상황을 만드는 소꿉놀이는 다른 사람의 관점을 경험하고 이를 분석할 수 있는 능력을 길러 주어 발산적 사고의 토대를 만들어 줄 수 있다. 또한 놀이는 금지된 생각이나 감정들을 경험할 수 있는 일종의 안전지대이기 때문에, 이를 적극적으로 권장하고 독특한 생각을 더욱 많이 할 수 있도록 격려하는 것이 중요하다.

보통 초등학교 4학년 이후부터는 창의력과 더불어 경험과 학습된 지식도 중요한 역할을 하기 시작한다. 그런 측면에서 창의력을 중시한다고 해서 지식을 소홀히 하는 접근 방법도 절대 옳지 않다. 문제를 고민하고, 이를 해결하기 위해 공부하는 것 역시 매우 중요한 부분이다. 이 과정에서 자유롭게 노는 것을 좋아하는 아이들의 성향과 공부 습관을 기르는 것이 서로 다른 영역이기 때문에 아이들이 괴로워하고 고생하는 경우가 많다. 이럴 때 중요한 것이 부모와 선생님의 역할이다. 공부하는 습관을 가지도록 격려하고 도와주면서, 동시에 가끔씩 특별 프로그램이나 독특한 시도를 허용하며, 호기심을 자극할 수 있도록 지도하면 아이들은 훨씬 쉽게 창의력을 기르고 융합적 사고를 할 수 있게 된다. 또한 공부 과정에도 창의성을 발휘해 자신만의 일과와 공부 일정을 세우고, 공부할 학습지를 스스로 찾게 하는 것도 좋다. 이 과정을 실패하면, 공부하는 습관을 들이지 못하고 시간을 낭비하거나 자신의 미래에 대한 비전을 잃고 수동적으로 공부하는 등 잠재되어 있는 뛰어난 기량을 꽃피우지 못하게 된다.

자신이 좋아하는 것에 매진하지 못하고 중간에 그만두는 이유는 여러 가지가 있지만, 가장 커다란 이유는 자신감을 잃어버렸거나 지루하기 때문이다. 사람들은 활발하고 긍정적인 성품을 가지고, 동기부여가 되어 있으며, 세상에 대해 열린 마음을 가질 때 창의적이 될 수 있다. 그러므로 건강하게 자존감을 세우면서도 타인을 존중하고 다양한 문화를 접하게 하는 것, 그리고 지금 하는 일이 가지는 의의를 알려 주는 것, 지루하지 않을 수 있는 적당한 자극을 아이들 스스로 만들거나 선생님, 부모들이 그러한 환경을 제공하는 것이 중요하다.

'무조건 열심히' 공부해서 성적이 좋아지고, 등수가 오른다고 아이의 미래가 달라지지 않는다. 도리어 잘못하면 아이들이 행복해지는 방법을 잊게 될 것이다. 시간도 방법도 생각도 시각도 마음껏 뒤섞게 하는 것, 마음껏 넓히게 하는 것이 미래형 인재를 만드는 최고의 교육 방법이다.

CHAPTER 2.

협업형 인재의 시대: '메디치 효과'를 극대화하라

15세기 이탈리아의 메디치(Medici) 가문은 광범위한 분야의 문화예술가를 후원한 피렌체의 금융 가문이다. 메디치 가문은 당대의 유명한 조각가, 과학자, 시인, 철학자, 금융가, 화가 등을 피렌체로 불러서 포럼을 열고 이들을 서로 만나게 했는데, 한자리에 모인 예술가들은 서로의 전공과 문화를 교류하면서 점차 자신들의 벽을 허물기 시작했다. 바로 여기에서 새로운 사상에 바탕을 둔 르네상스 시대가 시작된다. 이를 통해 당시의 피렌체는 역사상 가장 폭발적인 창조의 중심지가 되었던 것이다.

이렇게 다양한 영역, 분야, 문화 등이 하나로 만나는 교차점에서 기존의 생각을 새롭게 재결합함으로써 혁신적인 아이디어가 폭발적으로 증가하는 현상을 메디치 효과(Medici effect)라고 부른다. 이 용어는 메디치그룹을 설립한 프란스 요한슨(Frans Johansson)의 동명의 책에 의해 널리 알려졌다.

3. 픽사의 교훈
'나는 더 이상 혼자가 아니다'

서로 다른 생각을 재결합하고, 새로운 가치를 창출하는 메디치 효과의 가치는 현대에 들어와서 더욱 높이 평가받기 시작했다. 이제는 서로 다른 생각과 소질을 가진 사람들과 조직들의 협업 없이는 단순하고 평면적인 성취만이 가능하며, 이 정도의 성취는 현대사회에서 커다란 가치로 인정받기 어렵다. 이런 협업과 메디치 효과의 가치를 가장 잘 보여 주는 곳이 바로 세계적인 애니메이션 스튜디오인 픽사(Pixar)다.

보통 할리우드에서는 영화 제작을 프로젝트 단위로 진행한다. 제작사에서 영화 제작에 필요한 사람들을 해당 프로젝트에 한해 프리랜서로 고용한다. 제작자, 감독, 배우, 스태프가 모두 해당 영화에 한하여 계약을 맺고 일을 시작한다. 영화 제작이 끝나고 계약이 만료되면 다들 다른 영화 프로젝트를 찾아 떠난다. 이런 방식은 오랜 세월동안 고착화된 시스템으로, 팀워크가 갖춰질 때쯤이면 제작이 끝난다는 문제가 있다. 그뿐 아니라 할리우드의 시스템은 영화 제작자들이 서로가 자기에게 유리한 판을 짜기 위해 다양한 중상모략과 배신이 판친다. 그래서 처음 영화 제작에 대한 아이디어가 나오면 이러한 정보를 빼돌리기 위한 공작과 정치적인 싸움으로 많은 시간이 낭비된다. 어떤 경우에는 제작이 되기도 전에 프로젝트가 좌초되기도 하고, 제작에 들어가도 영화의 완성도가 형편없이 떨어지는 경우가 비일비재하다.

픽사는 이러한 할리우드의 제작 관행을 무너뜨리고, 감독과 작가, 스태프에 이르는 모든 제작팀을 한 회사의 소속으로 모았다. 이들은 모두 픽사로부터 월급을 받는 직장인이며, 픽사에서 제작하는 영화는 동료들과 협력하여 만든다고 인식한다. 픽사는 할리우드 제작사로부터 제작비를 지원받아 회사를 운영하는데, 직원들의 급여 수준이 높을 뿐 아니라 아이디어를 제한받지 않고 계속해서 키울 수 있는 제작 환경과 교육 및 경력 개발에 계속해서 투자하기 때문에 직원들의 만족도가 높다. 스톡옵션도 후하게 제공하고 있어 세계 최고의 애니메이션 인재들이 픽사로 몰려들었다.

픽사에서는 작품을 하나의 팀 스포츠로 생각한다. 감독이 전횡을 휘두르는 것이 아니라 작가와 애니메이터, 감독이 모두 직위고하를 떠나 협업한다. 특히 스토리에 문제가 있을 경우 여러 아이디어를 모아 수정하는 작업을 거치는데, 협의를 통해 이루어지기 때문에 영화의 질적 수준도 높은 편이다.

이러한 작업이 가능하게 된 배경에는 우수하고 재능이 있는 인재들이 모인 이유도 있지만, 이들이 픽사에 들어와 계속해서 역량을 키우고 지속적인 협업을 통해 개인의 창조성을 최대한 발휘할 수 있게 되었기 때문이다. 제작에 대한 지원을 아끼지 않고, 개개인에 대한 교육의 기회를 확대시키는 것, 이를 통해 인재가 마음껏 기량을 펼칠 수 있게 하여 좋은 영화를 만들어 내는 것, 이것이 픽사의 진짜 경쟁력이다.

이와 같이 사람을 개발하는 것을 모토로 하는 픽사 문화의 중심에 픽사대학이 있다. 픽사대학은 미술, 애니메이션, 영화 제작 등과 관련한 수백 종류의 강좌를 제공하는 사내 교육 프로그램이다. 픽사의 직원이라면 누구나 원하는 과정을 수강할 수 있다. 공부하는 문화가 회사 전체에 일반화되어 있고, 자기의 전공이 아니더라도 다른 과정을 들으며 서로에 대한 이해를 높이면서 종합적인 역량을 키워 가는 픽사대학 운영은 픽사라는 회사의 핵심 역량이 되었다.

픽사대학의 건물에는 라틴어로 "Alienus Non Diutius"라는 글이 새겨져 있다. 이 말은 '나는 더 이상 혼자가 아니다'라는 의미로, 협업과 개개인의 능력 함양을 중시하는 픽사의 철학을 고스란히 담고 있다.

4. 창의성은 사회적 관계와 감성의 결합

세계적인 디자인 회사 중 하나인 프로그디자인(Frog Design)의 부사장 로버트 패브리컨트(Robert Fabricant)는 워너브라더스에서 1948

년에 만든 인기 애니메이션 "로드러너(Road Runner)"에 등장하는 와일리 코요테를 통해, 회사 조직이 창의성을 가지려면 창의적인 인재를 뽑는 것보다 창의성을 발휘할 수밖에 없는 환경을 조성하는 것이 더 중요하다고 주장하였다.

"로드러너"는 "톰과 제리"와 흡사한 내용의 애니메이션이다. 와일리 코요테는 매우 빠른 속도로 달리는 새의 일종인 로드러너를 잡기 위해 매회 마다 기발한 방법을 사용한다. 하지만 매번 로드러너의 재치와 빠른 속도 때문에 잡지 못하고 오히려 당하기만 한다.

반면 로드러너는 열심히 달리기만 한다. 그렇지만 로드러너가 달리는 것이 결국 와일리 코요테에게 끊임없이 아이디어를 내게 하는 동기부여가 된다. 그와 로드러너의 역학관계가 와일리 코요테를 더 발빠르게 움직이고 고민하게 만드는 것이다. 만약 로드러너가 없었다면, 와일리 코요테가 이렇게 창의적이 되었을까? 아무리 창의적인 사람이 집단에 들어오더라도 환경이 받쳐 주지 않으면 절대 창의성이 발휘될 수 없다. 와일리 코요테와 로드러너에게서 볼 수 있듯이 창의성은 관계에서 시작된다. 서로 다른 아이디어와 관점들 사이의 적절한 긴장이 창의성을 촉발한다.

창의성은 결국에는 어떠한 형태로든 외부에 나타날 때 발현한다. 와일리 코요테는 지속적으로 간단한 발명품을 빠르고 기본적인 프로토 타입의 형태로 만들어서 내놓고, 이를 실험한다. 가만히 보면 능력도 대단하다. 톱질, 망치질에 드릴로 구멍을 뚫고, 용접도 하고 뭐든지 뚝딱뚝딱 만든다. 아무리 뛰어난 아티스트와 엔지니어, 과학자와 전략가가 있더라도 각각의 재능을 협업을 통해서 모으고, 무엇인가를 실제로 실험하고 만들어서 내놓지 않으면 새로운 아이디어는 발현되지 않는다. 다양한 종류의 재능을 가지고 있으면, 창의성을 발휘하기 쉽다. 그러므로 아이디어를 외부에 내놓고, 여기에 다양한 능력을 가진 사람들이 다양한 방식으로 무엇인가를 만들어 낼 수 있도록 도와주어야 한다.

마지막으로 창의성은 강력한 사회적 관계와 감성의 결합을 통해 나타난다. 그러므로 협업할 수 있는 환경을 조성하는 것이 중요하다. 조직의 문화가 창의성을 받아들일 수 있도록 바뀌지 않는다면 아무리 창의적인 인재가 많아져도 이들은 능력을 발휘하지 못한다.

와일리 코요테는 황량한 환경에서 성장했다. 이런 환경에서 로드러너는 와일리 코요테에게 거의 유일한 욕망과 애정의 대상이 된다. 어찌 보면 로드러너는 와일리 코요테에게 유일한 협력의 대상일지도 모른다. 그렇지만 와일리 코요테는 로드러너를 식사의 대상으로만 쫓을 뿐이며, 그의 여러 가지 노력은 로드러너에게 전달되지 않는다. 그렇기 때문에 그가 결국 큰 성공을 거두지 못하는 것 아닐까?

이 애니메이션은 창의성을 갖춘 인재를 고용하는 것 이상으로, 어떻게 그들에게 창의성을 발휘할 수 있을 만큼 충분히 개방되고 협업할 수 있는 환경과 문화를 만들어 줄 수 있을 것인가에 대한 본질적인 질문을 던지고 있다. 창의성은 인간에게 내재된 능력이 아니라 다양한 지능의 형태가 함께 결합되어 나타난다. 이를 위해서는 다양한 협업과 네트워크가 필요하다. 정말로 중요한 것은 개개인의 능력이 아니라, 그룹과 커뮤니티의 능력이다. 어떻게 '나'가 아닌 '우리'가 변할 수 있을지에 대한 고민이 더욱 필요하며, 그런 측면에서 협업의 대상들을 찾아내고 이들을 설득해서 실제로 협업을 끌어내는 협업형 인재가 미래에 각광받는 것은 어찌 보면 당연하다.

CHAPTER 3.

네트워크형 인재의 시대:
쌓지 말고 흐르게 하라

우리는 지식을 포함한 생산수단을 소유했는지 여부가 중요하다고 생각한다. 최근에는 특히 지식자산의 중요성이 더욱 커지고 있다. 다른 사람이 가지지 못한 어떤 생산수단이나 지식자산이 있고 이것으로 사회적인 가치를 만들어 낼 수 있다면 이는 비즈니스 성공으로 이어진다. 그러므로 생산수단을 지키기 위해 특허 등 다양한 방법으로 장벽을 치고, 이를 제품이나 서비스로 개발해서 효과적으로 시장에 내놓는 것이 비즈니스의 요체였다. 이런 비즈니스 성공 방식의 개념은 너무나 당연한 것으로 여겨졌기에, 이를 언급하는 것조차 촌스럽게 생각될 정도다. 기업은 이런 기본적인 전제를 공유하는 가운데, 가능한 한 많은 가치를 뽑아내는 것에 초점을 맞추어 조직을 만들고 운영한다.

이런 모델은 단지 기업이나 조직에만 적용된 것은 아니다. 개인이 배우고 익힌 기술이나 지식을 바탕으로 자신의 커리어를 쌓고, 일을 통해 새로운 지식을 더욱 많이 습득하면 이것이 자신의 가장 중요한 자산이 된다고 믿는다. 그래서 공부를 많이 해서 지식을 쌓고, 자신이 쌓은 지식이나 경험, 기술을 다른 사람들이 쉽게 가져갈 수 없도록 지식과 기술 등을 보호하곤 했다.

만약 이런 모델이 도전을 받는다면 어떨까? 생산수단이나 지식의 소유보다 더 강력한 가치를 가지는 원천이 있다면? 최근의 변화는 이런 모델에 대한 근본적인 고민거리를 던져 준다. 디지털 인프라와 인터넷, 모바일과 소셜 웹 등은 이런 변화를 실제로 유도하고 있다. 세상의 변화 속도가 빨라지고, 그 확산이 광범위해질수록 지식자산의 가치는 빠른 속도로 내려가고 있다. 제조업에서 제품의 생명주기는 날이 갈수록 짧아지고 있다. 가장 성공한 제품조차도 새로운 세대의 제품이 점점 빨리 쫓아옴에 따라 비교우위를 지키는 기간이 매우 짧아졌다. 과거에는 일단 크게 한번 성공한 다음에 후발주자들이 쫓아오기 전까지 어느 정도 여유가 있어서 새로운 지식을 쌓아 달아날 시간을 버는 것이 용이했지만, 이제는 그럴 가능성이 계속 줄어들고 있다. 영원한 1인자일 것 같던 애플사의 경우도 생각보다 빠른 속도로 따라잡히고 있으며, 비교우위는 그리 오래가지 못하는 것이 현실이다.

5. 버닝맨의 교훈
   '구경꾼은 없다, 모두가 참가자다'

　이런 빠른 변화의 시대에서 성공하려면 지식자산을 매우 빠른 속도로 업데이트하고 진화시킬 필요가 있다. 이를 위해서는 새로운 지식의 흐름에 노출하고, 여기에 발전이 일어날 수 있도록 촉진하여야 한다. 팔로 알토 연구소(PARC)의 컨설턴트 겸 수석 과학자인 존 하겔 3세(John Hagel III)와 존 실리 브라운(John Seely Brown)은 이를 위해 극복해야 할 두 가지 문제를 지적하였다.

　기본적으로 지식은 쉽게 흘러가기 어렵다. 특히 그 형태가 명시적인 것이 아니라 노하우 같은 암묵지라면 더욱 그렇다. 예를 들어 뇌수술을 한다고 했을 때, 수술과 관련된 책을 찾아본다면 명시적인 형태로 지식을 전달받지만, 수술에 참여하여 손으로 익혀 보면 수술하는 방법을 쉽게 습득할 수 있다. 스승이나 동료로부터 여러 가지 주의할 점과 요령을 듣고 소통하며, 동시에 수술의 일부 과정에 조금씩 참여해서 연습하다 보면 자연스럽게 지식이 전달된다. 이런 종류의 지식 습득은 매우 오랜 시간 신뢰를 기반으로 한 관계를 요구한다.

　그런데 요즘 같이 변화가 빠른 시기에는 이렇게 공들여 익힐 수 있는 암묵지 형태의 지식이 훨씬 가치가 높다. 이런 형태의 지식을 가장 최신의 것으로 익히고, 빠르게 변화하는 비즈니스 환경에서의 변화에 대처하는 데 익숙해진다면 보다 나은 경쟁력을 가질 수 있다.

　또 하나의 문제점은 이런 지식의 흐름에 참여하는 것이 쉽지 않다는 것이다. 참여를 위해서는 보통 어떤 기여를 해야 하는데, 사람들과 기업들이 서로 선순환의 고리를 이어가면서 새로운 가치를 만들어 내지 못하면 이런 흐름에 참여하기 어렵고, 흐름이 잘 일어나지 않는 네트워크는 결국 존재 가치를 잃게 된다. 많은 기업이나 개인이 이런 새로운 네트워크의 원칙에 잘 적응하지 못한다. 기본적으로 내놓기보다는 지키는 것에 익숙하며, 자신들이 원하는 것을 가져가려고만 하는 경우가 많다. 이런 기업이나 사람들은 네트워크에 참여하기 어렵고, 참여해도 적응하기 어렵다.

이런 변화에 적응하는 것은 쉬운 일이 아니다. 그렇지만 비교적 위험성이 덜한 지식자산부터 내놓고, 조금씩 신뢰를 쌓아 나가는 것이 중요하다. 그리고 흐름의 네트워크를 통해 자연스럽게 해당 지식자산의 가치가 상승하는 것을 관찰하면 이런 새로운 흐름의 원리를 파악할 수 있다. 네트워크의 신뢰도가 올라가고 참여자들도 보다 많은 것을 내놓기 시작하면 이 네트워크는 선순환의 고리를 돌기 시작할 것이다. 보다 높은 가치가 있는 지식이 공유되고, 이들이 결합하여 더 높은 부가가치를 가진 형태로 변화된다면 점진적 혁신이 이루어진다. 이렇게 한 단계 업그레이드한 지식자산은 또다시 공유되면서 새로운 발전의 원천이 될 수 있다.

세상의 변화 양상은 주입식으로 공부하고 개인이 지식을 많이 쌓아 나가는 것보다는, 지식과 경험을 공유하고 소통을 통해 그 가치를 높여 나가면서 실질적인 협업을 통해 눈에 보이는 성과를 창출하길 원한다. 이를 통해 지식과 경험의 흐름을 요구하고, 또 그런 능력을 가진 인재를 필요로 하고 있다.

 이런 변화의 양상에 대해 잘 살펴볼 수 있는 사례가 미국의 실리콘밸리와 버닝맨(Burning Man)이라는 행사의 관계다. 실리콘밸리가 지속적인 혁신의 원천이 되는 이유는 무엇일까? 뛰어난 인재들이 모여서 이들의 재능이 서로 섞이는 문화가 있고, 이를 북돋아 주는 환경을 제공하기 때문이다. 자산보다 중요한 개개인의 재능과 지식을 흘려보내고 동시에 새로운 가치를 창출할 수 있도록 도와주는 것이 실리콘밸리 문화의 요체다. 버닝맨 행사는 구글의 두 창업자인 래리 페이지와 세르게이 브린이 이 행사에 참여한 경험이 있는 사람에게 채용시 인센티브를 준다고 공고하면서 더욱 많이 알려졌다.

 버닝맨은 네바다의 블랙록(Black Rock)이라는 사막 한가운데서 열린다. 사막에 수많은 차량들이 집결하고, 차에서 잠을 자거나 인근의 저렴한 모텔에서 잠을 청하면서 이 행사를 위해 수많은 사람이 모여든다. 이곳에 모이는 사람 중에는 상당히 별난 사람들이 많다. 학교에 다니면서 이상한 아이로 취급받거나, 직장 등에서도 사이코로 불렸던 사람들이 여기에서만큼은 너무나 평범한 사람들로 느껴질 정도다. 예술가들과 창의력이 넘치는 사람, 정열적인 음악가와 엔지니어 등 각계각층의 사람들이 모여서 과연 무엇을 하는 것일까? 이곳에서 처음 만난 사람들은 즉석에서 커뮤니티를 형성하고 자신들의 열정을 나눈다. 사막의 뜨거운 열기는 몸을 혹사시켜서, 쉴 새 없이 물을 마셔야 할 정도로 힘이 들며, 선블록을 듬뿍 바르고 충분한 음식과 물 그리고 자신을 열사와 태양으로부터 대피시킬 피난처 등을 직접 확보해야 하지만, 수많은 사람이 이곳으로 모여든다. 그 이유가 무엇일까?

이들은 함께 새로운 것을 창조해 낸다. 버닝맨 참가자의 누구도 구경꾼이 아니다. 모두가 참가자이며, 새로운 세계를 같이 만든다. 피난처도 같이 만들고, 필요한 물품을 즉석에서 구하기도 하며, 차량을 장식하는 예술 활동에 동참하기도 한다. 짚으로 된 모자를 쓰고, 남자들은 처음으로 치마를 입어보기도 한다. 다 같이 즉석에서 만들어진 라디오 방송국의 방송을 듣는다. 눈을 감고 자동차와 오토바이를 마음껏 몰아보기도 하고, 치즈 샌드위치를 그릴에 구워 먹는 것과 같이 새로운 음식에 도전해 보기도 한다. 그곳에서 이상형을 만나기도 하며 친구나 애인과 같이 가서 관계를 보다 돈독하게 만들기도 한다. 토요일 밤이 되면 사막 한가운데서 캠프파이어를 한다. 수많은 사람과 하나가 되는 새로운 경험을 할 수 있는 곳이 바로 이 버닝맨이라는 행사다.

행사가 끝나고 집으로 돌아갈 때면 이곳에는 아무것도 남지 않는다. 며칠 동안 만든 모든 작업을 부수고 태우고 소모하고 돌아간다. 일부 자원봉사자들이 몇 주간 남아서 이전의 사막과 똑같은 상태로 복원하고 돌아가는 것으로 이 행사는 완전히 끝이 난다. 그렇지만 버닝맨 행사의 기억과 이곳에서 맺은 인연의 네트워크는 계속 발전한다. 새로운 세상을 같이 만들어 본 사람들과 경험을 공유하는 것이다. 이를 버닝맨 커뮤니티라고 한다.

버닝맨은 1986년 샌프란시스코의 해변 파티에서 기원했다고 한다. 그러다가 어느 순간 네바다의 가장 깊숙한 사막으로 장소를 옮기게 되었는데, 초기에는 최근의 버닝맨 행사보다 훨씬 거칠고 위험했다고 한다. 규칙도 없고, 차를 타고 가면서 총을 쏘아 대는 위험한 호기도 많았고 무법천지에 가까웠지만, 이제는 안전과 질서를 위한 많은 장치와 자원봉사자들에 의해 안정화되었다. 그렇지만 여전히 이들이 가지고 있는 기본적인 개방성의 정신은 그대로 남아 있다. 버닝맨 주간이 되면 샌프란시스코와 실리콘밸리 지역의 인구가 줄어든다고 한다. 과거보다 차량도 적고, 주차장 공간도 비교적 여유가 있다. 버닝맨 이벤트를 즐기러 많은 사람들이 떠나는 것이다.

버닝맨의 문화는 개방(openness)과 창조성(creativity), 자기조직(self-organization), 공유(sharing), 그리고 혁신(innovation)이라는 실리콘밸리의 가장 중요한 문화와 그 맥이 닿아 있으며, 서로에게 막강한 영향을 주고받으면서 커져 갔다. 실리콘밸리에서는 무상으로 개발 정보를 제공하는 오픈소스 운동이 일어나고 있는데, 이 아이디어는 버닝맨의 개방형 협업에서 기원하였다고 한다. 실리콘밸리의 성공은 버닝맨의 문화를 이해하지 못하면 설명할 수 없는 부분이 많다고 느껴진다.

중국의 심천이나 인도의 방갈로, 그리고 우리나라의 서울도 앞으로는 실리콘밸리와 유사한 문화가 확산되면서 크게 바뀔 것으로 본다. 우리는 그 어떤 나라보다도 강렬한 개개인의 에너지를 가지고 있는 나라다. 젊은이들의 지식과 열정이 자연스럽게 흐르고 여기에서 새로운 가치를 창출할 수 있는 환경을 제공한다면 서울이 제2의 실리콘밸리가 될지도 모를 일이다. 그러려면 외국의 뛰어난 인재들이 쉽게 서울에서 일하고, 원격 컨퍼런스 등을 통해 회의도 하며, 웹으로 우리의 의견을 이야기하는 등 지식의 흐름을 증폭시키려는 노력이 필요하다. 소통과 언어의 중요성은 그런 측면에서 강조될 수밖에 없으며, 그와 함께 보다 적극적으로 자신을 내어놓고 나누는 문화도 정착되어야 한다.

6. 네트워크를 통한 연결고리형 인재가 필요하다

미국에서는 베이비붐 세대가 이제 은퇴기에 들어가기 시작했다. 우리나라의 세대 구분은 미국과 약간의 차이가 있지만, 우리나라도 미국과 거의 유사한 변화가 조만간 나타날 것으로 보인다. 전통적인 거대 기업의 법칙에 익숙한 이들은 그들이 살아온 삶의 방식이 변화하는 것에 저항할 것이다.

일단 수십 년간 쌓아 온 경험과 지식을 다음 세대로 전파하기보다는 자신들이 가지고 떠날 가능성이 많다. 그것이 그들이 살던 방식이었다. 그에 비해 현재의 젊은 세대들은 인터넷과 블로그를 포함한 다양한 소셜 웹 환경 속에서 자라고 있다. 이들은 강한 규율이나 강압적인 명령에 굴하지 않는다. 이러한 이들의 특성은 수직적인 구조와 비밀 경영, 그리고 상하의 위계질서에 기반을 둔 현재의 거대 기업과 본질적으로 잘 어울리지 않는다.

사실 현재의 젊은 세대에게 익숙한 소셜 웹의 법칙은 거대한 기업의 법칙과는 정반대라고 할 수 있다. 규칙이나 명령에 얽매이기보다는 자체적인 네트워크를 통해 발전해 나가고, 창의성과 개성이 강조되는 환경의 기업에 인재들이 몰린다.

이러한 권력의 이동 속에 미래의 기업이 필요로 하는 미래형 인재의 조건은 무엇일까? 커뮤니케이션 능력이 뛰어나고 창의적이며, 유연한 사고를 가진 사람, 그리고 변화하는 환경 속에 역동적으로 자신의 능력을 발휘할 수 있는 사람이 손에 꼽힌다. 여기에 많은 사람이 누릴 수 있는 감각적인 직관이나 예술, 작지만 전문가적인 식견을 가진 능력을 탁월한 비즈니스로 승화시킬 수 있는 인재와 같이 다양성이 있으면서도 차별화된 재능을 갖춘 사람이 앞으로 인정받게 될 것이다.

에릭 허스만(Erik Hersman)은 최고의 소프트웨어 개발자다. 그는 미국의 선교사로 남부 수단과 케냐에서 성경을 번역하던 부모님에게서 태어나 아프리카에서 자랐다. 고등학교를 졸업하고 미국으로 돌아온 그는 미국 해병대에서 복무하였고, 소프트웨어 개발자로서 성공적인 커리어를 쌓다가 돌연 케냐로 돌아갔다.

그는 현재 케냐에 살면서 아프리가젯(www.afrigadget.com)이라는 유명한 블로그를 운영하고 있다. 이 블로그를 통해서 아프리카 엔지니어들의 해킹 실력을 뽐내고 재미있는 기술들을 소개하고 있는데, 단순히 블로그로 그치지 않고 여러 인재들이 모여서 같이 일을 할 수 있는 공유 공간인 '아이허브(iHub)'라고 불리는 코워킹 스페이스(co-working space)도 운영하고 있다. 이 공간은 케냐의 소프트웨어 개발자들을 세계의 ICT산업과 연결하는 역할을 하고 있다. 허스만은 자신의 풍부한 아프리카에서의 경험을 이용해 기콤바(Gikomba), 나이로비(Nairobi) 등과 같은 아프리카의 주요 지역을 자동차로 돌아다니면서, 스와힐리어 등의 전통 아프리카 언어로 현지인들과 소통하고 케냐 사람으로서의 삶을 열심히 살아가고 있다. 그리고 아프리카의 이야기를 전 세계에 전하고, 반대로 세계와 미국의 기술자로서의 삶을 아프리카에 전하는 전도사로서의 역할을 수행한다.

오늘날과 같이 세계적인 협업이 중요해지는 시기에는 점점 허스만과 같이 다리의 역할을 수행할 수 있는 사람들의 비중이 커지고 있다. 만나기 어려운 사람들은 단순히 멀리 떨어져 있는 지역이나 다른 언어를 쓰는 사람들 이외에도 많다. 우리 사회에서도 직업이 다르거나 살아가는 형편이 달라 서로 만나기 어려워, 그들만의 세상에서만 살아가는 사람들로 가득하다. 이렇게 분리되어 있고 고립된 집단 간의 융합이나 협업을 이루기 위해서는 단순히 서로 다른 집단끼리 만나게 하는 것만으로는 부족하다. 이들에게는 융합과 협업을 유도할 수 있는 열정을 가진 다리 역할을 해 줄 사람이 필요하다. 그렇지 않으면 서로를 이해하지 못하고, 자신들의 자존심이나 입장만 내세우다가 결국 파국으로 치닫는 경우가 비일비재하다. 우리의 정치도 그런 범주에서 해석할 수 있다.

필자의 전공은 의공학이다. 의학과 공학이라는 서로 다른 학문을 융합한 분야다. 이 학문을 하면서 가장 어려운 것이 바로 두 전공의 소통이었다. 의학을 전공한 사람이나 공학을 전공한 사람들이 서로의 자존심을 내세우다 보면 협업이 생각만큼 잘 이루어지지 않았다. 상대방의 자존심을 짓밟거나 인정해 주지 않는 경우가 많았고, 자신들의 학문이나 세계를 이해하지 못하는 이들에게는 이를 설명해 주기보다 그냥 무시하는 경우가 많았다. 필자가 의공학이라는 학문을 선택한 것도 어쩌면 양쪽의 이야기를 모두 알아들을 수 있고, 이를 해석하고 다리 역할을 하는 데 적합했기 때문이다. 중간에 다리 역할만 잘해도 훌륭한 전문가들의 힘을 끌어내어 많은 일을 할 수 있다.

허스만과 같은 사람은 미국과 아프리카 양쪽을 모두 이해할 수 있는 환경에서 나고 자랐다. 대부분의 사람들은 하나의 문화와 정치적인 입장, 교육 및 준거집단을 가지고 살았기 때문에 이런 다른 문화와 입장의 연대에 대한 감각이 부족한 것이 사실이다. 그렇기 때문에 허스만과 같이 양쪽을 이해할 수 있는 환경에서 자라거나 교육받은 사람들은 사회적으로 중요한 의미를 가지며, 개인적으로는 사회적 책임도 가지고 있다고 생각한다. 우리가 사는 세상은 과거보다 훨씬 복잡하게 서로 연결되어 있다. 또한 수많은 문제를 풀어내기 위해 서로 개방하고, 이해하며, 서로 다른 문화를 가진 사람들끼리의 원활한 소통이 점점 더 필요해지고 있다. 예를 들어 기후변화에 대한 전 지구적인 문제를 해결하는 데 있어 중국과 인도를 빼놓고 어떻게 진정한 진전을 이루어 낼 수 있겠는가. 또한 점점 많은 민족들이 서로 다른 언어를 쓰면서 이웃으로 살아가기 시작하는데, 이들과 한마디 대화도 나누지 않고서 그 지역의 발전을 도모하기는 힘들 것이다.

　인터넷은 우리가 이렇게 서로 섞이는 현상을 급격하게 만들고 있으며, 소셜 웹은 가속페달을 밟는 역할을 하고 있다. 그런데 어떤 면에서는 인터넷과 소셜 웹이 기존에 있던 집단들의 연결만 가속화하고 고립의 정도만 높이는 경우도 있다. 연결을 위해 만들어진 기술이 도리어 특정 집단의 사고만 강화시키고 자신과 다른 사람들과의 관계를 단절시키는 방향으로 발전한다면 너무나 안타까운 일이다. 어찌 보면 이런 문제를 해결하기 위해서도 인터넷과 소셜 웹에서 다리 역할을 해 주는 사람들이 더 많이 필요하게 될지 모른다.

　그런 면에서 중간에 다리를 놓고 연결하려고 노력하는 사람들을 많이 찾아내고, 이들이 중재를 잘할 수 있도록 조금은 개방된 마음을 가질 필요가 있다. 시간을 가지고 대화하고 노력한다면, 인류 사회가 가진 많은 문제를 풀어 나갈 수 있을 것이다. 이런 다리 역할을 하는 '연결고리형 인재'의 가치는 그래서 더욱 높아지게 될 것이다. 결국 미래의 가치는 '머물러 있는 것'보다는 '흘러가는 것'에 있다.

PART 03
무엇을 가르칠 것인가
미래 인재를 양육하는 13가지 대안

CHAPTER 1.

놀이와 열정을 연결하는 교육:
노는 아이가 성공한다

'인간'을 설명하기 위한 학문적 단어는 여러 가지가 있을 것이다. 그중 네덜란드의 역사가 요한 하위징아(Johan Huizinga)는 '호모 루덴스(Homo Ludens)'라는 개념을 사용했다. 호모 루덴스란 '놀이하는 인간'이라는 의미로, 그의 대표적인 저서의 제목이기도 하다. 모든 문화 현상의 기원은 놀이에 있고 놀이를 통해 문화가 생겨나고 발달했다는 그의 이론에 비추어 볼 때, 놀이는 비단 아이들에게만 중요한 문제가 아닌 것이다. 부모들이 자녀를 교육할 때 '놀이'에 대한 선입견을 없애야 하는 이유 또한 여기에 있다.

1. '놀이'의 반대는
   '일'이 아니라 '우울'이다

스튜어트 브라운(Stuart Brown)은 2009년 "재미를 넘어 꼭 필요한 놀이"라는 제목의 TED 강연에서 교육과 놀이에 대해 탁월하게 설명했다. 세계적인 놀이 운동 전문가이며 놀이 연구의 선구자이자 정신과 의사인 브라운은 이 TED 강연을 통해 큰 화제를 모았다. 그는 강연에서 두 가지 장면을 소개하였다.

첫 번째 장면은 15세기 유럽 풍경이다. 당시 유럽에서 쉽게 볼 수 있는 보통 사람의 집 앞마당을 그린 그림인데, 그는 이 풍경에서 무려 124가지의 놀이가 발견된다는 점에 주목하라고 한다. 나이를 불문하고 놀이에 빠져 있는 것은 당시 사회에서는 전혀 이상한 일이 아니었다는 것이다.

두 번째 장면은 시베리안 허스키와 북극곰이 어울려 노는 모습이다. 시베리안 허스키 한 쌍이 놀고 있는 사이로 북극곰이 다가온다. 처음에는 서로를 보고 으르렁대며 시작된 긴장감은 놀랍게도 북극곰의 행동 하나로 바뀌어 버린다. 북극곰이 날카로운 발톱을 숨기고 마치 발레처럼 보이는 춤을 추기 시작한 것이다. 그러자 이내 시베리안 허스키도 곰에게 다가가 서로 몸을 맞대고 코를 비비고 눈밭을 뒹굴며 놀기 시작한다. 이들은 같이 놀 수 있다는 사인을 본능적으로 나눈 것이다. 이는 동물의 본능 속에 놀이에 대한 열망이 있다는 것을 알려 준다.

스튜어트 브라운은 엉뚱하게도 살인범의 심리를 연구하다 놀이의 중요성에 눈을 떴다고 한다. 비극적인 대량 살인 행각을 벌였던 텍사스타워 살인범 찰스 휘트맨에 대해 연구하던 그는 범인의 성장과정과 생활환경에서 놀이가 매우 부족했다는 것을 알게 된 것이다. 놀이의 부재와 놀이에 대한 점진적인 억압이 이런 충동적인 비극을 막지 못했다는 것을 깨달았다.

인간이 처음으로 하는 놀이는 엄마와 눈을 맞추는 것이다. 엄마 품에 안긴 아이는 엄마와 눈을 맞추며 방긋 웃곤 한다. 이것이 바로 아기의 생애 최초의 사회적 웃음이다. 더 나아가 엄마가 아기의 이런 반응에 기뻐하며 이런저런 말을 건네면 아이도 옹알이를 하며 대응한다. 뇌 과학 연구를 통해 밝혀진 바에 따르면 이때 아이의 뇌가 보이는 반응은 놀이를 하면서 즐거워할 때와 크게 다르지 않았다.

놀이에는 정말 다양한 것들이 있다. 위아래로 뛰고, 몸을 흔드는 간단한 동작들이 커다란 즐거움을 선사할 수 있다. 막춤이나 다이어트 댄스도 그런 측면에서 정말 좋은 몸 놀이라고 할 수 있다. 물건을 가지고 다양하게 조작해 보는 것도 좋은 놀이다. 동물들도 자신이 조작할 수 있는 어떤 물건이 있으면 이것을 가지고 한참을 논다. 아마도 동물을 키워 본 사람이라면 쉽게 이해할 수 있을 것이다. 인간의 경우에는 놀이가 더욱 발전한다. 정교한 동작을 가능하게 하는 손을 사용할 수 있으므로 다양한 놀이를 하는 데 아주 적격이다.

몸으로 하는 놀이의 중요성에 대한 의미 있는 연구는 많다. 이 중 JPL(NASA의 제트 추진 연구소)의 컨설턴트이며 신경과 의사인 프랭크 윌

슨과 엔지니어인 네이트 존슨의 연구에 주목할 필요가 있다. 이들은 캘리포니아의 고등학교 학생들을 대상으로 한 연구에서, 자동차가 고장 났을 때 이를 고치는 문제 해결 능력이 없는 학생들은 공통적으로 평상시에도 손을 거의 쓰지 않는다는 것을 알게 되었다. 프랭크 윌슨은 이 연구를 확장시켜 《손 The Hand》이라는 책을 쓰기도 했다. 실제로 JPL, NASA, 보잉 등의 회사에서는 연구 개발 인력을 채용할 때 일류 대학을 수석으로 졸업했다고 해도 차를 고쳐 보지 않았거나, 어릴 때 손으로 놀아 본 경험이 없다면 문제 해결 능력이 떨어진다고 간주한다. 이렇게 놀이는 현실적이고도 중요한 것이다.

 몸을 쓰는 놀이 외에 상상놀이도 중요하다. 누구나 어린 시절, 여러 가지를 상상하고 상상한 것을 바탕으로 무언가를 만들거나 그렸던 경험이 있을 것이다. 소꿉놀이도 이런 상상놀이의 전형이라고 할 수 있다. 놀이는 호기심과 탐험에서 시작된다. 호기심과 탐험은 놀이의 한 부분인 것이다. 타인과 어울리려면 사회적 놀이가 필요하다. 사회적 놀이는 사람들을 모이게 만드는 것과도 관련이 있다.

 동물의 세계에서 놀이의 의미는 실험을 통해 객관화된 것들도 있다. 어린 쥐들은 자라면서 본능적으로 놀이에 빠지는 시기가 있다. 소리를 지르고, 레슬링을 하고, 서로 넘어뜨리며 자라는 것이 정상이다. 쥐를 대상으로 한 놀이 실험에서, 실험 대상 쥐를 두 그룹으로 나누어 한 쪽은 노는 것을 금지하고 다른 쪽은 허용한다. 그리고 양쪽 그룹의 쥐들에게 고양이 냄새가 배어 있는 굴레를 채워 주면 두 그룹 모두 본능적으로 도망가 숨는다. 그런데 그 뒤에는 두 그룹이 차이가 난다. 놀이를 해 보지 못한 쥐들은 다시 나오지 않고 숨은 그 자리에서 죽는다. 놀아 본 쥐들은 환경을 천천히 탐구하고, 다시 세상으로 나오려고 한다. 이 같은 현상은 놀이가 생존과도 연관된 문제임을 시사한다.

사람들은 일하지 않으면 논다고 생각한다. 그러나 놀이의 반대는 '일'이 아니라 '우울'이다. 놀이 없는 인생을 상상해 보았는가? 유머도, 영화나 게임도, 환상도 없는 건조한 인생이 된다. 우리는 평생 놀 수 있다. 인간은 평생에 걸쳐 놀도록 설계되었다. 놀이 신호를 보내는 능력도 있다. 인간은 놀이 신호를 주고받으며 신뢰를 쌓아 간다.

문화적인 이유건 다른 이유건 어른이 되면서 그 신호들을 잃어버리는 것은 안타까운 일이다. 생체인류학자들은 인간이 가장 유아적이고 가장 유연하며 가장 가소성이 높은 생명체라고 한다. 즉, 가장 장난스럽다는 말이다. 일과 놀이를 같이, 즉 노는 시간을 따로 떼어 놓지 않고 생활 자체에서 매 분, 매 시간마다 몸과 사물을 이용한 사회적인 놀이, 상상놀이, 변화를 일으키는 놀이에 빠져 볼 수 있다면? 아마도 더욱 풍성하고 활력 넘치는 인생이 될 것이다. 우리는 놀이에 대해 조금은 더 관대해져야 한다. 어른의 경직된 잣대로 아이들의 교육을 재단하지 말아야 할 첫 번째 이유다.

2. 평가가 창의성을 구속한다

스탠포드대학의 디자인 프로그램 교수 밥 맥킴(Bob McKim)은 창의적인 연구자였다. 그가 학생들과 즐겼던 놀이는 바로 '그림으로 아이디어 표현하기'였다. 학생들과 모여 앉아 자기 앞에 놓인 종이에 그림을 그려서 옆 사람에게 전달하면, 종이를 받은 사람이 새로운 아이디어를 더해 그림을 그린 후 다시 전달하는 방식이다. 그런데 이 과정에서 다른 사람의 반응을 의식하고 자신의 아이디어, 작품을 평가받는 것이 두려워 공유하기를 꺼려하거나 시간을 지체하면서 적응하지 못하는 경우가 많이 관찰된다고 한다.

이 놀이를 아이들에게 시키면 어떨까? 어린아이일수록 행복하게 이 놀이를 즐기며 그림을 그리고 다른 아이에게 넘겨준다. 그런데 중학교, 고등학교로 올라갈수록 점점 자신이 그린 것을 부끄러워하고 넘겨주기를 피하려는 경향을 보인다. 남의 의견에 민감하게 되고, 자신만의 창의성과 자유롭게 생각하는 방법을 잊어버린다. 이렇게 남을 의식하는 것이 바로 창의성을 구속한다.

세계 최고의 창의력 보고이자 혁신기업 1위로 꼽히는 디자인 회사 아이디오(IDEO)의 창업자 데이빗 켈리(David Kelly)는 이러한 점을 의식하여 가장 친한 친구들을 직원들로 고용해서 회사를 설립하였다. 얼핏 보면 이해하기 어려운 선택이지만, 그는 함께 놀기 가장 쉬운 것은 친구들이기 때문이라고 말한다. 신뢰를 가지고 기탄없이 대화하며 생각을 나눌 수 있는 분위기가 조성되지 않으면 어느 누구도 창의성에 따르는 위험을 감수하려 들지 않을 것이라고 생각한 것이다.

　아이디오의 스튜디오 환경도 이러한 분위기에 맞게 꾸며져 있다. 누구에게나 편안한 환경이 되어야 창의적인 작업을 진행할 수 있다고 믿기 때문이다. 이런 현상은 픽사나 구글, 페이스북 등의 사무실 환경에도 영향을 미쳤다. 사무실을 마치 빌딩 속 오두막이나 예쁘게 장식된 동굴과 같은 독특한 형태로 꾸며, 형식을 파괴해 적극적으로 창의성을 끌어낼 수 있는 업무 환경을 마련하였다.

　형식의 파괴는 아이들의 특권이다. 아이들은 같은 물건이나 내용을 보아도 서로 다른, 다양한 것을 상상한다. 새로운 것을 보면서 우리가 알고 있는 정보를 대입시키고 그것으로 인지하도록 훈련시키는 것은 창의력을 제한한다. 많이 알면 알수록 새로운 무엇인가를 생각하기가 어렵다. 아이러니한 일이 아닐 수 없다. 아이들은 단순한 박스나 몇 가지 줄, 종이만 가지고도 다양한 방식으로 노는 방법을 안다. 이런저런 상상을 곁들여 새로운 것을 만들어 낸다. 어쩌면 우리의 창의력을 끌어내기 위해서는 다시 아이 때의 뇌 상태로 돌아가는 것이 가장 좋은 방법인지도 모른다.

　아이들이 좋아하는 블록쌓기와 같은 건축놀이는 실제 여러 물체를 가지고 이렇게 저렇게 만들어 보는 과정에서 새로운 것을 탄생시키는 연습이다. 실제로 이런 과정이 획기적인 신제품 탄생으로 연결되기도 한다. 무엇인가를 창조하는 과정이 처음부터 그렇게 멋있거나 화려한 작업은 아니다. 아주 작고 볼품없어 보이는 단순한 생각을 노출시키고, 여러 사람에게 다양한 피드백을 받아 정제하는 과정을 거쳐 창조가 이루어진다. 불현듯 떠오른 아이디어로 무엇인가를 만들어 보고, 이를 계속 확장하는 것, 돌발적인 상황과 예외에 대해서도 여유로워지는 것이 창의력을 기르는 좋은 방법이다.

물리적인 실체가 있는 것을 디자인하는 방법은 이렇게 무엇인가를 만들어 보면서 진행할 수 있다. 그렇다면 서비스나 경험처럼 만질 수 없는 것들은 어떻게 할까? 이런 경우에는 역할놀이(role play)를 통해 시뮬레이션을 하면서 디자인해 볼 수 있다. 예를 들어 병원의 새로운 서비스를 시험하고 디자인하는 가장 좋은 방법은 사람들에게 실제 역할을 맡기고 이를 수행하면서 가장 좋았던 서비스를 디자인하는 것이다.

두 사람 사이의 상호작용을 디자인할 수도 있고, 여러 사람을 상대로 하는 상호작용을 디자인할 수도 있다. 식당에서 주문을 받는 방법도 역할놀이를 통해 디자인해 보는 것과, 그냥 결정한 대로 하는 것에는 엄청난 차이가 있다. 그런데 따지고 보면 이와 같은 역할놀이 역시 우리가 어렸을 때 많이 했던 소꿉놀이의 연장에 지나지 않는다. 즉 놀면서도 창의적인 디자인을 할 수 있는 것이다. 하지만 어른이 된 우리는 노는 것을 쑥스러운 일로, 상상하며 지어 내는 것을 당황스럽고 어색한 일로 치부하며 놀이에 저항하게 되어 버린 것이다.

불행하게도 이러한 저항의 시기는 점점 어려지고 있다. 현재 우리의 교육 시스템은 아이들이 정규교육 과정에 들어가면서부터 점점 상상력을 제한받는 상황에 내몰리도록 되어 있다. 모든 것이 규칙으로 정해져 있고, 이를 벗어나면 야단맞는다. 수많은 지식을 머릿속에 받아들이도록 강요받는다. 이렇게 해서는 미래 사회가 필요로 하는 창의적 인재가 탄생할 수 없다. 상상력은 인간에게 주어진 중요한 재능이며, 우리는 이 재능을 현명하게 사용하도록 노력해야 한다. 아이들이 미래에 맞설 수 있는 창의적인 전인교육이 필요한 때다.

3. 또래집단에서 건강한 소통의 장이 필요하다

2008년 11월, 〈뉴미디어와 함께 생활하고 학습하기 The Living and Learning with New Media〉라는 제목의 연구 보고서가 버클리대학 연구진에 의해 발표되었다. 여기에는 소셜 미디어를 포함한 새로운 소통의 시대에 대처하는 여러 가지 이야기가 담겨 있는데 결론 부분에 다음과 같이 언급하고 있다.

"네트워크로 연결된 대중들은 서로서로에게 배운다. 이런 환경에서 배움과 참여의 초점은 어떤 기관의 책임으로 결정되는 것이 아니라, 아이들의 흥미 그리고 이들이 매일매일 어떻게 사회적인 소통을 하는지에 따라 결정된다."

결국 서로가 서로에게 영향을 주는 그런 효과가 학습과 배움에 있어 무척이나 중요하다는 것이다. 이 문장은 교육과 배움에 대한 근본적인 철학에 대해 다시 생각하게 만든다. 즉 학생에게 교육이란, 정해진 교육과정을 이수하고 이를 평가받아 사회에서 활용할 수 있는 자산 즉 인력 보급의 객체로 만들어 주는 과정인지, 아니면 친구들과 연결된 네트워크에서 자신의 정체성을 찾고 이들과 다양한 의견을 주고받고 협업하면서 자신의 생각과 비전을 명확하게 만들어 가는 과정인지의 차이일 것이다.

사회 네트워크와의 상호작용을 통해 학생들은 '동기(motivation)'라는 강력한 에너지를 확보할 수 있다. 이 경우 성장의 과정은 일제고사 점수나 교사가 매기는 성적에 의해 평가될 수 없다. 학교의 교실에서 이루어지는 배움이 전혀 필요 없다고 말하는 것은 아니다. 하지만 교실을 넘어선 사회와의 교감을 통해 개인의 독립적인 사고와 능력을 성장시키는 것이 배움의 근본적인 원리에 보다 근접한 것이 아닐까?

교실이라는 꽉 막힌 틀 안에서 주어진 것을 학습하도록 하는 현재 배움의 방식에는 확실한 변화가 필요하다. 이들에게 교실을 넘어선 사회와의 소통 방식을 가르치고, 연결을 통해서 새로운 기회를 찾아내며, 자신들의 열정을 나누고 그 속에서 자신의 성장을 도모할 수 있도록 도와주어야 한다. 디지털 시대에는 이런 만남과 연결이 훨씬 쉬워진다. 학생들은 시간과 공간을 넘어서 자신의 역할을 찾고, 친구를 만들며, 협업할 수 있는 대상과 무언가 의미 있는 일을 할 수 있는 기회를 제공하고, 이런 활동들이 학생으로서의 성장 과정에 긍정적인 영향을 미치도록 교육이 바뀌어야 한다.

이 리포트의 또 다른 부분에는 학생들이 "취미에 열심이고 열정적인 창작자(passionate hobbyists and creators)"가 되도록 도와야 한다는 내용이 있다. 이를 위해서 자신들이 작업한 것을 공유하고, 서로를 도울 수 있도록 하는 것이 중요하다. 청소년기에는 권위를 가진 사람보다는 비슷한 경험이 있는 또래에게서 교육적으로 더 큰 영향을 받는다는 것을 기억해야 한다. 그런 측면에서 어쩌면 카카오톡이나 페이스북과 같이 최근 학생들이 자주 이용하는 소셜 도구를 활용한 교육 방식에 대해 조금 더 고민할 필요가 있다. 그렇지만 이것이 좀 더 의미를 가지려면 자신들의 온라인 정체성을 안전하게 만들어 내고 잘 관리할 수 있는 기초적인 부분에 대해 인지하게 해야 한다. 이것이 앞으로는 과거 학교에 들어오기 전에 '한글'부터 공부하고 들어오는 것만큼이나 중요하게 될지도 모르겠다.

중요한 것은 학생들을 점수 매기고 평가하는 대상으로 생각하지 않는 것이다. 그리고 어느 집단의 구성원이나 자격 함량으로 보는 것이 아니라, 개별적인 인간으로서 세상에서 자신이 어떤 역할을 할 수 있고 어떻게 자신의 가치를 나타낼 수 있는지 방법을 찾고 증명할 수 있는 기회를 주는 것이다. 그것이 미래의 배움에 대한 진정한 의미를 고민하는 사람들에게 던져진 과제다.

4. 열정을 발견하고 열정에 불을 붙이는 것이 교육이다

교육 혁신과 관련하여 많은 실험을 하고 있는 켄 로빈슨(Ken

Robinson)은 그의 책 《엘리먼트 *The Element*》를 통해서 다음과 같이 이야기한 바 있다.

"당신이 사랑하는 것들이 있는 장소와 당신이 잘하는 것은 같이 연결되며, 이것이 개인의 행복과 궁극적인 성공에 핵심적인 요소다. 자신의 자아와 목표, 그리고 행복에 근본적인 요소들을 연결시켜야 한다. 이것들이 학생들로 하여금 성장하고, 성취하며, 좋은 결정을 내릴 수 있도록 하는 커다란 기회를 제공한다. 그러나 슬프게도 대부분의 학생들은 자신들의 능력이나 관심사를 제대로 탐구할 수 있는 기회를 부여받지 못한다. 교육은 개인들이 타고난 능력을 발전시키고 그것이 세상에서 발휘될 수 있도록 하는 시스템이어야 하는데, 현재의 교육은 그러지 못하고 있다."

여기에 다가올 미래 교육에 필요한 중요한 함의가 있다. 열정과 재능을 이야기하지만, 이러한 개인의 열정과 재능은 동료들을 만나 관계를 형성하지 못하거나, 무엇인가를 성취할 수 있는 기회가 주어지지 않는다면 쉽게 사그라지고 만다. 그렇기에 이들을 연결시키고 관계를 맺도록 하여 열정을 유지시키고, 이런 행복과 성공의 가장 중요한 요소들을 엮어 내는 것이 교육의 목표가 되어야 한다.

이를 위해 학교에서는 현재의 교과 시스템과는 무관한 활동이 필요하다. 학교가 담당해야 할 일은 이런 활동이 일어나는 데 방해가 되는 인위적인 걸림돌을 제거하고, 학생과 선생님의 공통된 관심사를 찾아서 열정을 공유하게 하는 것이다. 또한 학생이 선생님의 역할을 맡기도 하고, 반대로 선생님이 학생이 되어 서로 배우고, 개개인의 열정을 연결시키고 관계를 만드는 기회를 제공해야 한다.

2012년 시카고의 한 고등학교에서는 "스파르탄 커넥트(Spartan Connect)"라는 1일 워크숍 프로그램이 진행되었다. 앞에서 말한 방안을 실제로 접목시키고자 기획된 것이다. 이 프로그램에는 커리큘럼도 없고 수업도 없었다. 세간의 걱정과 달리 이 프로그램은 큰 성공을 거두었다. 학생들과 선생님들은 관심과 취미, 열정에 따라 프로그램을 함께 준비하면서 관계를 맺고, 작업에 필요한 공간과 자원을 조율하여 활용하였다. 이를 통해 서로의 열정을 확인하고 독려하며 새롭게 열정을 키우는 학생들이 등장하였고, 관심사를 공유하는 경험이었다는 평가다.

자신이 사랑하고 관심을 쏟는 분야가 있다면, 그에 대한 공부가 어찌 즐겁지 않겠는가? 그런 측면에서 교육의 요체는 이런 열정을 발견하고, 열정이 타오를 수 있도록 불을 붙이고 같은 꿈을 가진 사람들을 연결하는 것인지도 모른다.

5. Do It Yourself, 창조적인 교육이 세상을 바꾼다

이런 학교를 상상해 본 적이 있는가? 아이들과 함께 해파리 DNA를 복제하고, 바퀴벌레의 신경세포에 전기 자극을 주어 어떤 반응을 보이는지 계측할 수 있는 장비를 조립하고, 블랙잭 딜러 로봇을 만든다. 심지어는 일반 차를 전기차로 바꾸기도 한다. 너무 이상적으로 보이는가?

2010년 8월, 미국 미시간 주의 디트로이트에서 있었던 메이커 축제(Maker Fair)에서는 위에 열거한 것들이 실제로 아이들에 의해 제작되어 일반인들에게 공유되고 공개되었다. 2만 2,000명의 열정적인 사람들이 모여서 이틀간 열기를 뿜어낸 이 축제는 자신들만의 독특한 발명품과 퍼포먼스를 자랑하고 동시에 이를 즐기기 위해, 과학자와 공학자, 음악가와 예술가, 그리고 많은 학생과 일반인이 한자리에 모인 것이다. 이들은 단순히 자신이 만든 것을 자랑하기만 한 것이 아니다. 프로젝트에 대한 즉석 프레젠테이션과 재미있는 공연을 펼쳤고, 처음 만난 천재들끼리 서로의 아이디어를 교환하기도 했다.

앞서 이야기한 놀이와 열정, 그리고 이것을 연결하는 새로운 교육이 어떻게 세상을 바꿀 수 있을까? 여기에 대한 해답으로 최근 세계적인 열풍이 불고 있는 메이커 축제와 같은 DIY 운동이 중요한 역할을 한다는 것은 부정할 수 없을 듯하다. 이런 혁신적인 교육이 학교 밖에서만 일어나고 있다는 것은 안타까운 일이 아닐 수 없다. 무엇인가를 만든다는 것은 정말 훌륭한 배움의 방법이다. 그러나 현재의 학교는 이런 교육을 수행하지 못하고 있으며, 그나마 비정규적인 이벤트나 행사 등이 이런 창조성을 길러 내는 데 도움을 주고 있다.

이미 여러 교육학 연구를 통해, 프로젝트에 기반을 둔 교육이 전통적인 교육에 비해 시험 성적을 떨어드리지 않을 뿐 아니라 연구하는 기술이나 전체적인 이해도 높인다는 것이 밝혀진 바 있다. 그뿐만 아니라 이러한 DIY를 통해 자신에 대한 믿음과 진취적 사고를 기를 수 있고 결국에는 사고와 학습 패턴에도 긍정적인 효과를 불러올 수 있다고 한다. 현재의 학교 시스템은 과거의 학자들을 길러 내던 방식을 그대로 활용하고 있다. 그러나 대부분의 사람들은 학자가 되기보다는 사회의 다양한 영역에서 저마다 다른 역할들을 통해 가치를 창출하면서 살아간다. 결국 교육의 방식과 실제 사회가 필요로 하는 능력에 큰 차이가 있는 것이다.

메이커 축제와 같은 DIY 운동을 주도하는 멤버들이 새로운 형태의 학교를 만든다면 어떨까? 물론 정규학교와 같은 형태일 수도 있겠지만, 여름캠프나 워크샵 또는 웹사이트를 중심으로 하는 온라인 커뮤니티도 나쁘지 않을 것이다.

이와 관련하여 포토샵 등과 같은 디자인 소프트웨어로 유명한 회사인 어도비(Adobe) 출신의 게버 툴리(Gever Tulley)는 "만들기 학교(Tinkering School)"를 열기도 했다. 이 학교는 탐험과 실험을 기반으로, 다양한 재료를 가지고 개별 프로젝트를 완성하도록 독려한다. 여기에서 아이들은 프로젝트를 주도해 나가면서 기획을 통해 창의력을 키우고, 공동 작업을 통해 소통의 능력을 배운다. 이 이야기는 TED 강연을 통해 소개되어 많은 사람을 감동시키기도 하였다.

게버 툴리의 TED 강연
"만들기를 통해 보여 주는 인생의 교훈"

'왕발통'으로 알려진 일인용 전동기기인 세그웨이(Segway)를 발명한 딘 카멘(Dean Kamen)은 최근 "퍼스트 로보틱스(FIRST Robotics)"라는 대회를 주최하였다. 이 대회에서는 아이들과 엔지니어들이 한 팀이 되어 멋진 로봇을 디자인하고 제작하였는데, 이를 통해 새로운 창의 교육과 창조의 장을 마련한 셈이다.

해커집단의 움직임도 뜨겁다. 뉴욕 브루클린에 있는 NYC레지스터(NYC Resistor)나 로스앤젤레스의 크래시 스페이스(Crash Space)와 같은 유명한 해커들이 모이는 공간에서는 쉽게 창작할 수 있는 환경 및 도구 등을 꾸려 놓고 이들을 활용한 응용 워크숍 등이 열리고 있는데, 이곳에서는 실제로 아이패드 케이스부터 첨단 엔진까지 제작되고 있다.

메이커 미디어(Maker Media)와 디즈니-픽사의 익스플로러토리움(Exploratorium), 테크샵 등은 최근에 공동으로 아이들을 위한 "영 메이커스 프로그램(Young Makers Program)"을 출범시켰다. 아이들은 이 프로그램을 통해 2미터에 이르는 불을 뿜는 용 로봇이나 모바일 스파이 카메라, 불 뿜는 오토바이 등을 제작하여 자신들의 역량을 뽐내기도 하였다.

이렇게 로켓을 만들고, 연을 만들고, 새 집을 만들면서 아이들은 단순히 기술만 배우는 것이 아니다. 이를 위해 수학과 물리, 화학을 배우며, 동시에 자신의 창조성과 자신감, 호기심을 발견하고 더 나아가서는 기획력과 사회성 및 협업 능력을 배우게 된다. 또한 자신을 둘러싼 환경과 사회의 많은 친구들, 그리고 어른들에 대해서도 이해하게 된다. 이미 미국에서는 이러한 교육 프로그램들이 많이 생겨나고 있다. 이와 같은 활동은 모두 책 밖의 세상에서 배울 수 있는 것들이다.

CHAPTER 2.

게임과 교육의 공생: 게임, 약이 될 수도 있다

한국 부모들, 특히 남자아이를 자녀로 둔 부모의 가장 큰 고민 중 하나는 아이들의 '게임 중독'이다. 아이들이 지나치게 게임에 몰입해 밤을 새우는 일이 잦고 특히 방학 때는 아예 하루 종일 게임에 빠져 산다는 것이다. 폭력적인 게임의 경우 아이들의 정서에 부정적인 영향을 미치고 성격 형성에 좋지 않다는 점도 우려한다. 이런 걱정에 정부도 공감해서, 온라인 게임에 대한 셧다운 제도를 포함한 다양한 규제를 도입하고 있다. 최근에는 "애니팡"과 같은 모바일 게임에도 셧다운 제도를 도입하겠다는 논의가 있을 정도니, 우리나라의 게임에 대한 우려 수준은 세계적으로도 높은 편이다. 게임에 과도하게 몰입하는 경우의 폐해를 모르는 바는 아니지만, 가끔은 게임 자체에 대한 지나치게 부정적인 시각이 게임이 가진 긍정적인 효과까지도 없애 버리는 것 같아 안타깝다.

6. 게임과 스마트폰 중독, 차단만이 길은 아니다

최근 하버드 의과대학의 셰릴 올슨(Cheryl Olson) 박사는 잡지 〈페런트 Parent〉를 통해 기존 상식과는 다른 주장의 글을 게재하였다. 비폭력적인 게임이라면 부모가 적절하게 관리하는 수준에서 허용될 경우, 아이들의 학습뿐만 아니라 사회적인 능력과 신체적인 능력을 증진시키는 데 도움이 된다는 것이다. 이는 1,000명이 넘는 공립학교 학생들을 대상으로 한 인터뷰 연구를 통해 얻은 결과였는데, 특별히 교육적인 목적을 위해 제작된 기능성 게임이나 에듀테인먼트가 아니라 일반적인 게임 중에도 긍정적인 효과를 미치는 게임이 많다는 것이다.

좋은 영향을 미친 대표적 게임은 "젤다의 전설(Legend of Zelda)"이나 "바쿠간(Bakugan)" 등으로, 계획을 세우고 문제를 해결하며 창의적인 자기표현을 유도하는 게임들이었다. 또한 "문명(Civilization)" 시리즈의 경우에는 역사와 지리에 대한 관심도를 증가시키며, 게임의 종류에 따라 사회적인 능력이나 운동, 건전한 경쟁, 리더십 등을 고

취시키는 것도 있었다.

  게임이 가족관계를 돈독하게 해 준다는 시각도 있다. 게임이 단순히 나쁜 것으로만 그려지고 배척의 대상이 된다면 이는 미래 세대에 대한 이해도 부족하고, 긍정적인 효과를 모두 없애 버리면서 가족 간의 갈등만 조장하게 될 수도 있다. 물론 잔인한 장면이 지나치게 많이 등장하거나, 선정적인 하드코어 게임과 같이 아이들에게 좋지 않은 영향을 미치는 게임도 많다. 그렇지만 부모가 게임에 관심을 가지고 좋은 게임을 골라 주고 가족도 같이 즐길 수 있게 된다면 오히려 아이들이 안 좋은 영향을 미치는 게임에 빠지게 될 가능성도 줄게 될 것이다.

  미국 해군연구소(Office of Naval Research, ONR)에서는 게임이 어른에게 미치는 영향을 연구한 바 있는데, 정보 처리 능력이 증진되고 문제를 추론하고 해결하는 능력도 나아졌다는 결과를 발표했다. 비디오 게임을 정기적으로 하는 외과의사들이 복강경 수술을 더 잘한다는 내용도 여러 논문을 통해 발표되었는데, 게임이 집중력을 높이고 정확성과 시각, 멀티태스킹 능력이 좋아지도록 도와준다는 것이다. 사회성을 좋게 만드는 데도 게임이 영향을 미친다는 연구 결과도 있다. 〈성격 및 사회심리학 저널 *Journal of Personality and Social Psychology*〉에 출간된 논문에서 연구자들은 게임 플레이어끼리 서로 도와야 이길 수 있는 게임을 한 사람들이, 테트리스와 같이 개인의 능력만 필요로 하는 게임을 한 사람들에 비해 동료들을 도와주는 경향이 높다고 주장하기도 하였다.

7. 게임을 학습에 도입한
혁신 교육이 새 모델이 되다

2010년 〈뉴욕타임즈〉는 게임에 이용되는 용어나 방식을 학교 교육에 적용하는 뉴욕의 한 공립중학교에 대해 보도해 화제가 된 바 있다. 이 학교에서는 일부 과목에서 학업 성과를 성적표가 아니라 게임처럼 레벨을 정해서 정기적으로 알려 준다고 한다. 아직 실력이 떨어지는 아이들은 '초보자(novice)' 그리고 이미 모든 학습 목표를 깨우친 아이들에게는 '마스터(master)'의 칭호를 준다.

이는 작지만 큰 변화다. 같은 교육을 수행한 뒤에 시험을 보고, 이에 대한 등급을 매겨서 알리는 전통 방식의 평가 체계와 성적표는 사람을 성과에 따라 분류한다는 의미가 크지만, '초보자'나 '마스터'와 같은 레벨을 부여한다는 것은 경험을 통해 더 나은 방향으로 이끌어가는 과정이라는 의미를 전달하기 때문에 학생들에게 동기를 부여하는 데 도움이 된다.

심지어는 게임을 교육과정에 도입하는 학교도 있다. 뉴욕에서는 "학습을 위한 퀘스트(Quest to Learn)"라는 과목을 개설하는 중학교가 늘고 있는데, 디지털 게임을 아이들의 지적 탐험의 도구로 이용하기로 한 것이다. 세계적인 디자인 학교인 파슨스스쿨(Parsons School)의 교수 살렌(Salen)은 이 과목을 통해 학습과 게임의 관계에 대한 연구를 진행 중이다. 공립학교의 새로운 교육 혁신을 위한 프로젝트로, 지난 2년간 맥아더재단과 게이츠재단의 연구비를 지원받아 다양한 시도를 하고 있다. 이런 시도는 새로운 학교의 모델로서 중요한 가치를 인정받고 있으며, 뉴욕시의 교육감도 적극적으로 지원하고 있다고 한다. '게임'이라고 하면 공부에 방해가 될 뿐이라는 부정적인 시각을 가진 우리의 모습과는 사뭇 다른 대응 방법이다.

"학습을 위한 퀘스트" 프로젝트를 통해 게임이 학생들에게 미치는 영향에 대한 주의 깊은 연구가 병행되고 있다. 이 프로젝트의 연구자들은 학교를 다니고 공부하는 것이 게임처럼 느껴진다면 학생들의 참여도가 높아질 것이며, 몰입도 잘하게 되고, 무엇보다 재미가 있어 학습 효과가 높을 것이라고 확신한다. 교육 프로그램의 일부는 컴퓨터와 비디오 게임을 활용하지만, 어떤 경우에는 우리 일상생활의 '놀이' 개념을 도입한 것들도 있다. 기본적인 학습 과정은 문제 기반의 학습 형태를 도입하고, 개방된 문제를 협업을 통해 풀어내는 것을 목표로 하지만, 여기에 게임이 가지고 있는 다양한 디자인 요소를 도입하여 흥미 유발과 몰입을 유도한다. 이때 선생님은 직접 무엇인가를 가르치는 역할보다는 길잡이와 조언을 하는 게임 상의 캐릭터(Non-Playable Character, NPC)와 비슷한 역할을 하게 된다.

이런 접근 방법을 이용한다면, 학습 과정은 수업(lesson)이 아니라 퀘스트(quest)로 생각될 수 있다. 그래서 교육과정의 이름이 '학습을 위한 퀘스트'가 된 것이며, 여기에는 일방적으로 지식을 전달하는 것이 아니라 학생들이 자발적으로 지식을 탐험한다는 의미가 숨겨져 있다. 예를 들어 "코드월드(Codeworlds)"라는 과목의 경우 수학과 영어가 섞인 과목으로, 학생들은 '크리피타운(Creepytown)'이라는 가상의 커뮤니티에서 예산을 만들고, 비즈니스에 대한 브레인스토밍을 하면서 일하는 방식으로 학습을 진행한다. 게임을 진행하면 매일 밤 읽어야 하는 읽을거리 패킷이 날아오고, 매주 이해도를 측정하는 패킷도 전달되며, 상당수의 학생들에게는 연필과 종이로 무엇인가를 풀어서 제출해야 되는 미션이 배달된다. 이런 형태의 게임을 진행하면서 학생들은 동영상을 제작하고, 비디오를 편집하기도 하며, 해당 내용을 블로그에 올리는 등의 소셜 활동도 같이 한다. 가끔은 해외에서 메시지를 받기도 해 풍부한 상호작용과 협업이 이루어진다.

　게임을 직접 만드는 것도 교육 효과가 높다. 예를 들어 카드보드와 마커와 테이프 등을 활용하여 보드게임을 디자인하기도 하고, 게임을 디자인하는 컴퓨터 프로그램을 익혀 직접 게임을 제작하기도 하는 것이다. 게임을 만든다는 것은 달리 표현하면 미니월드를 만드는 것이어서, 규칙을 정하고 다양한 도전을 시도하며 여러 장애물과 목표가 있는 다이내믹한 시스템을 고려해야 한다. 좋은 게임을 만들기 위해서는 수학과 작문, 예술과 컴퓨터 프로그래밍, 그리고 추리와 비판적 사고와 같은 일반적인 학습 과정에서 세워 둔 목표와 동일한 기술을 필요로 한다. 아이들이 좋은 게임을 만들고, 플레이하고, 이해하는 것은 이들이 성장했을 때 사회 기반 시스템을 디자인하고 참여하는 활동에 도움이 될 수 있다는 의미다.

　게임은 달리 생각하면 '디자인된 경험(designed experience)'이다. 게임 속에서 참여자는 특정한 목표를 달성하려는 동기를 스스로에게 부여하고, 해당 시스템에 있는 범위 내에서 규칙에 따라 활동해야 한다. 이런 개념에서 생각하면 학교라는 것도 결국 거대한 '디자인된 경험'으로 볼 수 있다. 학교라는 시스템은 아이들에게 있어 가장 중요하고 커다란 게임이 될 수 있는 것이다.

"학습을 위한 퀘스트"는 이런 관점에서 게임 디자이너들이 학교 선생님들과의 협업을 통해 좋은 게임을 만들고자 노력하고 있는 프로젝트다. 이들은 학교를 배움의 공간, 발견의 공간, 또는 가능성의 공간으로 본다. 이런 공간이 꼭 물리적인 공간일 필요는 없다. 과거에는 특정 장소에서만 벌어졌던 많은 일들이 이제 인터넷에 접속하면 어디서나 수행할 수 있게 되었듯이, 집과 학교라는 물리적 공간을 포함한 어떤 공간도 이런 게임 공간이 될 수 있을 것이다.

8. 게임을 대하는 부모들의 시각이 변해야 한다

게임이 학습과 교육에 있어 또 하나 중요한 점은 "심스(Sims)"라는 베스트셀러 게임의 디자이너로 유명한 윌 라이트(Will Wright)에게서 배울 수 있다. 그는 게임을 '실패에 기반을 둔 학습(failure-based learning)'이라고 말한다. 게임에서 실패란 단순한 일이고, 그다지 두려운 일이 아니다. 잘 디자인된 게임의 경우 결국 무수한 실패를 통해 피드백을 받을 수 있으며, 이를 극복하기 위한 동기부여와 학습에 의해 목표에 접근하도록 한다. 그에 비해 현실 사회, 즉 학교에서 평가하는 성적이 떨어지고, 또 낙제까지 한다는 것은 이를 경험하는 아이들에게 매우 실망스럽고 우울한 스트레스로 작용한다.

게임에서의 실패는 일종의 즐거움이다. 실패했다고 실망하기보다는 목표를 이루기 위해서 다시 도전하고 노력하게 된다. 이것은 게임을 통해 배울 수 있는 중요한 자세이기도 하다. 인생에서 겪게 될 무수한 실패와 좌절에 대해 무조건 두려워하는 것이 아니라 의연히 다시 일어서게 하는 자세를 가르쳐 주기 때문이다.

결국 중요한 것은 게임에 대한 부모들의 자세다. 무조건 반대하는 것이 아니라 아이들의 시각에서 적극적인 관심을 가져 보자는 것이다. 최근 나오는 게임 중에는 몸을 이용해서 가족들과 같이 즐길 수 있는 게임도 있어, 이를 통해서 가족 간의 유대와 운동 능력을 기를 수도 있다. 어려운 문제를 풀어 나가면서 지적 능력을 향상시키는 게임도 많다.

필자는 개인적으로 아이들에게 좋은 게임이 나오면 먼저 권하는 편이다. 단, 여기에는 몇 가지 원칙이 있다. 첫째, 게임하는 시간에 제한을 두는데, 아이들이 자발적으로 잘 따르는 편이다. 둘째, 온라인 게임은 시키지 않는다. 특히 불특정 다수를 대상으로 경쟁을 유도하는 게임은 여러 가지 부작용이 있을 수 있기 때문에 피한다. "젤다의 전설"과 같이 게임의 완성도가 높으면서 명확한 끝이 있어 매일 적당한 시간을 투자해서 정복해 나가는 종류의 게임, "마인크래프트"와 같이 사용자가 자유롭게 게임 속 세계를 만들 수 있어 창의성과 성취감을 높일 수 있는 게임, "위(Wii)"와 같이 가족들이 함께 몸을 쓰며 즐길 수 있는 게임, "에이지오브엠파이어"와 같이 역사에 대한 관심을 고조시킬 수 있는 패키지 게임 등을 권장한다. 셋째, 아이들에게 틈틈이 게임을 어떻게 즐기고 있고, 어떤 면이 좋았는지 물어본다. 그러면 아이들은 게임을 당당하게 할 수 있어 좋다는 것과 그런 과정에서 배운 것들을 자랑하기도 한다.

세대가 다르고 세상의 규칙이 달라지고 있는데, 기성세대의 선입견만 가지고 모든 것을 제약하려는 시도는 어쩌면 아이들을 편하게 관리하려는 어른들의 이기심에서 비롯된 것인지도 모른다. 본인들은 아이들을 이해하려고 노력하지 않으면서, 아이들이 말을 듣지 않고 게임만 한다고 한탄하고, 아이들을 죄인으로 만드는 법을 자꾸만 만들어 가는 것이 과연 옳은 일인지 잘 생각해 볼 문제다.

게임에 대한 부모들의 시각에 따라 게임을 대하는 아이들의 자세도 달라진다. 막는다고 막아지는 것도 아니다. 숨어서 몰래하거나 또는 억지로 참게 하기보다, 건강하게 즐기고 게임이 주는 유익을 누리는 방법을 찾을 때다.

CHAPTER 3.

기업가 정신 교육: 자신의 앞날을 직접 만들어 가다

    학교에서 지겨워하고, 수업에서 낙제하고, 친구들과 잘 어울리지 못하는 그런 아이가 나중에 스티브 잡스나 마크 주커버그와 같은 성공한 기업가가 될지도 모른다. 누구나 공부하기만 강요하고, 공부를 잘 못하면 낙오자로 취급하는 오늘날의 우리나라 교육 환경에서는 절대 이런 아이들이 성공하기 어렵다. 기업가 정신 교육은 그런 측면에서 무척이나 중요한 교육 방법이다.

  이와 관련한 가장 좋은 사례는 2010년 TED에서 발표한 카메론 헤럴드(Cameron Herold)의 강의가 아닌가 한다. 그는 전 세계 오대륙에서 다양한 기업가와 유수의 기업을 탄생시킨 최고의 기업가 정신 교육가다.

그의 강의가 마음에 와 닿는 것은 자신의 이야기를 담고 있기 때문이다. 그는 학교에서 공부하는 것이 힘들었다고 한다. 그렇지만 아주 어릴 때부터 돈과 사업을 좋아하고 또한 기업가 정신을 좋아했으며 그렇게 길러졌다. 그는 우리가 기업가 자질을 가지고 있는 아이들을 찾고 또 키울 수 있는 기회를 놓치고 있다는 것을 매우 안타까워하며, 이런 아이들에게 기업가가 되는 것은 굉장히 멋진 일이라는 것을 알려 주어야 한다고 역설한다.

9. 스티브 잡스와 마크 주커버그를 만들어 낸 기업가 정신

기업가적인 소질을 가진 아이는 어떻게 알 수 있을까? 바로 다양한 아이디어와 열정, 세계의 여러 요구를 볼 수 있는 사람이다. 그리고 무엇보다 결단하고 행동할 수 있는 사람들이다. 재미있는 것은 과학을 잘하거나 수학이나 영어를 잘하는 아이들은 금방 발견되어 이들을 북돋는 시스템이나 교육 방법에 대해 다들 연구도 많이 하고 이야기도 많이 한다. 하지만 기업가적인 소질이 뛰어난 아이들을 발견해서 그들의 기업가적 자질을 키우도록 교육하는 것에 대해 이야기하는 사람은 거의 없다는 것이다.

아이들의 머릿속에는 점차 의사, 변호사, 회계사 등과 같은 직업이 무의식중에 가장 멋지다고 생각하고 이것을 중대한 목표로 삼는다. 또한 미디어에서는 모델이나 가수, 스포츠 스타의 화려한 모습만 집중 조명하다 보니, 직업 자체가 가지는 의의보다는 화려한 직업이 멋있다고 인식하게 된다. 그런 영향으로 아이들이 목표로 하는 직업들은 이런 두 갈래 길로 한정되고 있다.

뛰어난 기업가를 만들기 위해 짜여진 MBA 프로그램은 얼마나 경쟁력이 있을까? 놀랍게도 카메론 헤럴드는 여기에 대해서도 부정적이다. 고등학교 때 중간 이하의 성적을 가졌던 그가 유일하게 갈 수 있었던 MBA 프로그램에서 배운 것은 기업가로 성장하기 위한 것이 아니라, 회사에서 일을 잘할 수 있게 만드는 것이었다.

실제로 회사를 경영하는 사람들은 어떤 유형일까? 기업가에게는 기업가로 잘 어울리는 특징이 있다고 한다. 카메론 헤럴드의 집안은 3대의 거의 모든 구성원이 기업가인데, 고집이 세고, 주의력 결핍 증상을 가지고 있으며, 남의 밑에서 일할 수 없는 특징을 가졌다.

카메론 헤럴드의 TED 강연
"아이들을 기업가로 키웁시다"

이런 특징을 가진 아이들에게 최근 학교나 병원에서 내리고 있는 처방은 주의력 결핍을 치료하는 정신과 약물을 투약하면서 학교의 시스템에 적응하고, 공부를 잘하도록 다독이거나 밀어붙이는 것이다. 그런데 과연 이것이 옳을까? 기업가적인 특징을 가진 사람들은 남보다 빨리 움직이고, 게임의 법칙을 파악할 줄 안다. 카메론 헤럴드는 학생일 때 에세이를 훔쳤고, 시험에서 부정행위를 했으며, 대학에서는 자신의 회계 숙제를 대신해 줄 아이들을 고용했다고 한다. 기업가들은 직접 회계를 하지 않고 회계사를 고용하는데, 그는 그 사실을 조금 더 일찍 깨달았다는 것이다. 물론 이런 행위가 올바르다는 것은 아니다. 다만 이렇게 다른 특성을 가진 사람들이 있다는 것이며, 좋은 방향으로 활용될 경우 사회적으로 크게 성공할 수 있는 가능성이 있는 것이다.

기업가의 정의는 '조직을 구성하고 운영하는 사람' 그리고 '사업의 위협을 지각하는 사람'이다. 그 말은 학교 수업을 잘 이수해야 한다는 의미와 다르다. 기업가는 타고날 수도 있고 길러질 수도 있는데, 카메론 헤럴드의 경우 아버지가 그에게 어떻게 사업을 이해해야 하는지에 대해 가르쳤다고 한다. 그는 일곱 살 때부터 세탁소에 옷걸이를 팔았고, 아홉 살에는 아버지와 함께 자동차 번호판 보호기를 방문판매하였다. 열 살 때는 동네 자동차 가게에서 버려지는 부품들을 모아서 내다 팔기도 했다. 이러한 과정을 통해 철저히 공급과 수요 그리고 고객에 대한 이해가 쌓였고, 이를 바탕으로 다양한 사업을 할 수 있게 되었다고 한다.

그의 강연에서 재미있는 부분은 용돈에 대한 시각이다. 그는 용돈이 아이들에게 잘못된 습관을 들인다고 주장한다. 만약 아이가 기업가가 되도록 키우고 싶다면 아이들이 해야 할 일을 찾도록 가르치거나 아이들과 협상하라는 것이다. 아이들은 어떤 일을 해야 하는지 찾고 그 일을 하면 얼마를 받을지 부모와 조율한다. 정기적으로 돈을 받지는 못하지만, 협상하는 기술에 대해서 배우게 된다. 그리고 기회를 찾는 기술도 배운다.

아이들이 일주일의 절반 정도는 부모에게 다양한 이야기를 하도록 유도하라는 내용도 귀 기울여 들을 만한 것이다. 아이들에게 몇 가지 소재를 던져 주고, 이를 이용해서 이야기하도록 하면 아이들이 다른 사람을 설득할 수 있는 실력과 창의력, 스스로 생각하는 기회를 가질 수 있다. 그리고 이런 경험들을 즐기며 할 수 있도록 만드는 것이 중요하다. 아이들이 여러 사람 앞에 서서 이야기할 기회를 주는 것도 훌륭한 교육이 된다. 몇몇 친구들 앞에서 하는 것도 괜찮다. 이런 것들이 어렸을 때 키워야 할 기업가적인 자질이다.

아이들에게 규칙을 인지시키는 것, 바른 자세를 보여 주는 것도 중요하다. 예를 들면 식당에 갔을 때 무례한 손님이나 서비스 정신이 부족한 직원들이 보이면 어떻게 해야 좋은 것인지 알려 준다. 이런 과정을 통해 향후에 자신이나 미래 자신의 직원들이 어떻게 하는 것이 손님들에게 좋은지 자연스럽게 체득하게 될 것이다.

아이들에게 길러 줘야 할 기업가적인 자질은 성취력, 끈기, 리더십, 자기성찰, 상호협동, 가치 등이다. 이러한 자질들은 아이들에게서 쉽게 찾을 수 있으며 기를 수 있는 것들이다. 그런 측면에서 아이들에 대한 교육과 부모의 역할에 대해서 다시 한 번 생각해 보길 권한다.

10. 25명 초등학생들의 연구 결과가
　　유명 과학저널에 실리다

　　최근 영국의 한 초등학교 저학년 학생 25명이 저명한 기초과학 저널에 논문을 발표하였다. 아이들은 모두 공저자로 이름을 올렸는데, 실제로 연구 디자인과 실험, 그리고 데이터를 분석하고 결과를 작성하는 것까지 모두 자신들의 힘으로 했다고 하니 정말 대단한 성과라 할 수 있다.

　　아이들이 논문을 쓸 수 있게 된 데는 좋은 선생님이 있었음은 물론이다. 이들을 지도한 선생님은 런던대학의 신경과학자인 보 로토(Beau Lotto)다. 로토 박사는 영국의 국립 과학공학 주간(National Science and Engineering Week)을 맞아서 런던에서 남서쪽으로 320킬로미터나 떨어진 데본(Devon)의 블랙오톤초등학교(Blackawton Primary School)를 방문했다. 이곳에서 그는 벌들이 꿀을 찾는 방법에 대해 관심이 있는 아이들을 모았고, 이들에게 과학적인 발견은 어떻게 하는 것인지 가르쳐 주었다. 과거 자신이 공부했던 벌들의 인지와 관련한 연구에 대해서 이야기하고, 심도 있는 실험을 할 수 있도록 유도한 것이다.

　　로토는 이 연구에 참여하겠다고 자원한 여덟 살부터 열 살까지의 아이들 25명을 모았다. 그리고 그들이 발견한 땅벌(Bombus terrestris)에 대한 연구를 진행하기에 앞서 다양한 질문을 하였고, 아이들은 로토가 던진 문제를 풀고자 토론을 거치면서 더 정교한 질문을 만드는 작업을 하였다. 그중 하나가 '이 벌이 혹시 꿀을 찾기 위해서 열을 이용하는 것은 아닐까?'라는 질문이었다. 이 주제는 세계적인 과학 저널인 〈네이처 Nature〉의 2006년 논문에도 나왔던 것인데, 물론 아이들이 이것을 알 리 없었다. 그렇지만 아이들은 이것이 재미있는 질문이라고 생각했다. 이런 질문놀이를 하던 아이들은 어떻게 벌들이 색깔과 공간지각을 통해서 꽃밭으로 가는지 알기 위한 실험을 하기로 결심하였다. 아이들은 벌들과 대화할 수 없으므로, 어떤 게임의 규칙을 통해서 벌들이 이를 잘 따르는지 알 수 있다면 질문에 대한 답을 찾을 수 있을 것이라 생각하고 본격적으로 실험을 디자인했다. 실험을 마치 게임을 디자인하는 것처럼 여긴 것이다.

로토는 먼저 벌들을 노란색 또는 파란색 원통에 설탕물을 넣어서 훈련시키는 방법을 사용하였다. 아이들은 이 방법을 발전시켜서 열여섯 가지의 꽃의 형상을 한 노란색과 파란색 원통을 배열하여 실험을 확장시켰다. 원통의 위치를 바꾸어 가면서, 학생들은 일부 벌들이 색상을 이용해서 설탕물을 찾아낸다는 사실을 발견하였고, 일부는 원통의 위치로 찾는다는 것을 알아냈다. 학생들은 결과를 표로 정리했고 결론을 내고자 교실에 모여 토론하기 시작했다. 그리고 이를 정리해서 논문으로 작성했는데, 이 논문은 저명한 〈바이올로지 레터 Biology Letters〉의 2010년 12월호에 정식으로 채택되어 세상에 알려지게 된다. 아이들은 벌들이 꿀의 위치와 색상과 같은 정보를 외울 수 있고, 다양한 방법으로 꿀을 찾아낸다는 것을 밝혀냈다. 어떤 특정한 방법을 이용하는 것이 아니라, 각 개체의 특성과 선호하는 정보가 있다는 것을 발견한 것이다.

물론 연구의 구체적인 내용을 보면 저명한 저널에 실릴 정도의 수준은 아니라고 할 수 있다. 학생들은 기존의 과학 논문을 제대로 리뷰하지도 않았고, 복잡한 통계적 분석도 하지 못했다. 그러나 이 연구는 매우 독창적이고 과거 어느 누구도 밝혀내지 못했던 점을 파고들어 근거를 찾아낸 훌륭한 논문이다. 그런데 로토가 이 연구에 대한 연구비 지원을 부탁했던 곳에서는 아이들이 어떻게 진짜 과학을 할 수 있겠느냐며 거절했다고 한다.

이 연구의 성공을 발판으로 해서, 로토 박사와 블랙오톤초등학교에서는 "나는 과학자(I, scientist)"라는 프로그램을 추진하고 있다. 이 프로그램은 노인부터 아이들, 심지어는 교도소에 있는 사람들까지 무엇인가를 발견하는 프로세스를 익히게 하는 것으로, 과학의 대중화에 크게 이바지할 것으로 기대하고 있다.

이처럼 사람들이 어렵다고 생각하는 과학 연구도 아이들을 잘 가르치면 성취를 이루게 할 수 있다. 중요한 것은 자신감을 가지고 스스로 앞날을 만들어 나갈 수 있도록 도와주는 것이다.

11. 인도네시아의 아이들, 배움의 농장에서 길을 찾다

젊은이들이 방황하고 앞으로 할 일이 없어서 걱정하며 좌절하는 것은 비단 우리나라만의 문제는 아니다. 미국을 비롯한 유럽의 선진국들도 비슷한 상황을 겪고 있으며, 아시아의 국가들도 유사한 걱정으로 골머리를 앓고 있다. 우리나라와는 상황이 좀 다르지만, 이런 젊은이들이 자신들의 일자리를 개척할 수 있는 새로운 교육이 인도네시아에서 진행되고 있다.

2005년 월드에듀케이션(World Education)에서는 인도네시아의 청소년들을 위한 프로그램으로 "배움의 농장(The Learning Farm)"을 시작했다. 학교 교육도 제대로 받지 못하고, 도시에서는 일자리를 구할 수 없어서 거리를 배회하는 청소년들을 대상으로 교육과 함께 이들에게 농업 기술을 가르치는 내용이었다. 도시에서 빈민층으로 전락하여 온갖 범죄의 유혹에 노출되고 차별대우를 받으면서 살아가기보다는, 평화로운 환경에서 자신들이 먹고사는 것을 해결하면서 자신만의 삶을 영위해 나갈 수 있도록 가르치기 위해 시작된 프로그램이다.

이 '배움의 농장' 학교에서는 다양한 채소와 곡물을 유기농으로 재배할 수 있는 방법을 가르친다. 아울러 유명 호텔 체인이나 레스토랑과 연계하여 이렇게 재배된 고급 채소와 곡물을 안정적으로 공급할 수 있는 연결고리를 만들었다. 농장이 지속 가능하게 운영되면서 농사를 짓는 젊은이들이 더 많아질 수 있도록 터전을 마련한 것이다.

이 학교는 비행청소년 중에서 과거를 잊고 새로운 미래의 직업을 원하는 아이들 50명으로 시작되었다. 이들에게 자연의 소중함과 벌레와 같은 생명체도 존중할 수 있는 마음가짐을 심어 주고, 자연과 함께하고 채소와 곡물을 재배하는 즐거움을 느끼게 하고, 이를 팔아서 실제로 자신들의 삶을 영위할 수 있다는 자신감을 불러일으키면서 이 학교는 크게 성공하게 되었다. 이 농업학교를 설립한 푸마마(Pumama)는 앞으로 자신들의 성공을 바탕으로 인도네시아 전역에서 비슷한 모델의 움직임이 활성화되어서, 젊은이들에게 새로운 기회를 줄 수 있게 되기를 바란다고 말한다.

인도네시아 자카르타에서 길거리를 배회하는 집 없는 청소년의 수가 1만 명이 넘는 것으로 추산되는 가운데, 이들의 수는 점점 늘고 있다고 한다. 그러나 이들을 설득해서 농사를 짓게 만드는 것은 결코 쉽지 않았다. 설립자인 푸마마는 한 매체와의 인터뷰에서 다음과 같이 말했다.

"한참 감수성이 예민한 청소년들과 일한다는 것은 결코 쉽지 않습니다. 그들은 원래 시골 출신의 농부들이 아니거든요. 또한 과거 마약이나 비행을 저질렀던 아이들이기 때문에 더욱 세심한 배려가 필요했습니다. 우리가 부모의 역할도 해야 합니다. 아침에 일어나면 아이들로 하여금 청소도 하게 하고, 밥도 짓게 하면서 자신들이 직접 혼자 힘으로 살아갈 수 있는 능력을 키웁니다."

재미있는 것은 농사짓는 것을 전업으로 하지 않게 한 점이다. 대부분의 학생들이 농사일 이외의 직업을 가지고 있다. 그러면서 자신들의 삶에 유기농을 접목하기 시작하였다. 이들의 성공은 이제 유기농에 그치지 않았다. 손기술이 있는 친구들이 모여 공예품을 만들어서 납품하는 사업을 하기도 하고, 수년간의 트레이닝을 통해 남을 가르칠 수 있는 수준이 된 학생들은 새로 들어온 학생을 가르치는 선생님의 역할을 하면서 이런 활동이 외부로까지 확산될 수 있는 선순환의 고리를 만들기 시작했다.

이렇게 선임자가 된 학생들은 농사를 짓는 방식뿐만 아니라, 마케팅을 하고 포장을 해서 납품하는 전체적인 가치의 사슬을 만들어 내는 작업에도 참여하면서 지역 농부들과 함께 지역사회의 발전과 유기농법의 보급에도 앞장서고 있다고 한다.

한때 도시에서 비행청소년으로 살았던 시절과 비교한다면 정말 하늘과 땅 차이일 것이다. 그중에서 세 명의 학생들은 전체 생산을 관장하는 매니저와 마케팅 총괄, 그리고 학교를 책임지는 매니저 수준까지 올라가 이미 교장선생님과 함께 이 학교를 이끌어가고 있다.

이런 놀라운 발전이 지속되자, 글로벌 컨설팅 회사인 프라이스워터하우스쿠퍼스(PricewaterhouseCoopers, PwC)에서는 기부금과 함께 숙련된 관리자들을 파견해 혁신과 경영, 커뮤니케이션과 마케팅 등과 같은 고급 교육도 실시하기 시작하였다. 이를 통해 학교는 순조롭게 확장될 수 있었고, 이제는 열여섯 살부터 스물네 살에 이르는 학생 200여 명이 이곳에서 일하고 있다. 1단계를 졸업한 학생들이 70퍼센트 정도로, 이 중 90퍼센트는 상급 학교로 진학하거나 가족들에게 돌아가 자신들이 익힌 기술과 인맥을 바탕으로 열심히 삶을 일구고 있다. 또 이들 중 60퍼센트는 유기농과 관련한 공부나 일을 하고 있다.

인도네시아에서의 이런 성공 사례가 우리나라에 바로 적용되기는 어려울 것이다. 그렇지만 자신들의 열정을 바탕으로 사회의 요구를 들어줄 수 있는 기업가 정신을 갖춘 인재들을 키우는 교육 철학을 우리나라에 적용한다면 좋은 성과를 낼 수 있을 것이다.

CHAPTER 4.

외국어 교육: 소통을 위한 필요에 의해 습득하라

《미디어의 이해 *Understanding Medea*》라는 명저를 쓴 마셜 맥루한(Marshall McLuhan)은 교통과 미디어의 발달로 지구에 사는 모든 사람이 하나의 촌락을 이루고 산다는 개념의 '지구촌(global village)'이라는 말을 처음으로 만들어 내면서, 지역과 국가 기반의 시대에서 글로벌 시대로의 전환을 내다보았다.

최근 인터넷의 발달로 PC나 휴대폰만 있으면 전 세계 곳곳에서 일어나는 여러 가지 일들을 알 수 있는 시대가 되었다. 또한 개인의 능력과 자본, 계층적인 직책과 시스템에 의해 돌아가던 세상이 다양한 동료들을 만나고, 이들과 어떻게 협업하느냐가 더욱 중요한 세상으로 바뀌면서 날이 갈수록 글로벌 소통의 중요성은 커져만 간다.

앞서 '연결고리형 인재'를 설명하면서 서로 다른 언어와 문화, 계층 간의 다리 역할을 할 수 있는 인재가 얼마나 중요한지, 그리고 아프리카의 스와힐리어와 영어를 자유자재로 구사할 줄 알았던 에릭 허스만의 이야기를 통해 글로벌 소통을 가능하게 만드는 외국어의 중요성에 대해 언급했다. 사실 이렇게 장황하게 설명하지 않더라도 외국어의 중요성을 모르는 사람은 없을 것이다.

12. '글로벌 시티즌십'을 가진 '세계시민'으로 양육하라

유네스코(UNESCO)는 여기서 한 발 더 나아가 글로벌 교육을 주장한다. 미래의 씨앗인 전 세계의 청소년 및 어린이들이 세계시민 의식인 '글로벌 시티즌십(global citizenship)'을 가질 수 있도록 키워 주고, '세계시민(global citizen)'으로 성장할 수 있도록 도와야 한다고 말하고 있다. 세계시민이 되기 위해 필요한 것은 무엇일까?

무엇보다 중요한 것은 의사소통 능력이다. 외국어를 잘 구사할 수 있으면 자신의 생각을 표현할 수 있고, 외국어로 된 수많은 지식자산에 접근할 수 있으며, 동시에 각국의 친구들과 친분을 쌓을 수도 있다. 흔히 가장 중요한 외국어로 영어를 들지만, 스페인어와 중국어도 앞으로 크게 활용될 것으로 보고 있으며, 아랍어와 러시아어 등도 우리나라에서는 상대적으로 중요하다고 할 수 있다.

전문적인 외국어 학습 방법을 담은 책은 많이 있으므로 여기서는 자세히 다룰 필요가 없다고 생각되지만, 미래의 인재에게 필요한 외국어 교육의 철학에 대해서는 부모들이 명확하게 인식하고 넘어갈 필요가 있다.

필자가 개인적으로 가장 중요하게 생각하는 첫 번째 외국어 능력은 읽기와 쓰기다. 보통 외국에 나가서 소통을 못할 것을 우려해 회화에 집중하는 경향이 있는데, 이는 잘못된 생각이다. 어차피 외국인은 아무리 영어를 잘한다고 하여도 영어를 모국어로 하는 사람만큼 영어를 잘할 수 없으며, 발음이나 표현도 어색할 수밖에 없다. 그보다 중요한 것은 외국어로 되어 있는 훌륭한 지식자산을 큰 어려움 없이 이해하고 자신의 것으로 받아들이는 것이며, 인터넷이나 SNS 등을 통해 알게 된 외국의 친구들과 글로 세련된 의사소통을 할 수 있느냐 하는 것이다.

그러기 위해서는 외국어로 되어 있는 책이나 기사, 인터넷 페이지 등을 쉽게 읽을 수 있도록 훈련해야 하는데, 이는 읽기 훈련과 단어 암기, 문장에 대한 이해에서 시작한다. 흔히 국어를 잘하는 사람이 외국어도 잘한다고 말하는데, 이는 전적으로 옳은 말이다. 간단한 회화는 누구나 약간의 시간을 들이면 할 수 있지만, 수준 높은 지식과 의미가 담긴 글은 그 내용을 우리말로 번역하더라도 말의 의미를 제대로 이해하지 못하는 사람들이 수두룩하다. 예를 들어 초등학교 6학년의 한국 아이와 한국어를 열심히 공부한 외국인이 있다면, 당연히 한국 아이들이 외국인보다 한국어를 잘하겠지만, 이 아이들이 대학 교재의 내용을 제대로 이해할 수는 없다. 이는 외국어 능력을 넘어서는, 의미의 파악과 관련되는 부분이기 때문이다. 다시 말해 수준 높은 외국어로 된 글을 많이 읽고, 이를 잘 파악하고 자신의 것으로 만들 수 있는 능력이 앞으로 펼쳐지는 글로벌 시대에는 더욱 중요하다.

읽기 능력에 못지않게 중요한 것은 외국어로 글을 쓰는 능력이다. 결국 외국인과의 소통은 대부분 글을 써서 하게 되어 있다. 자신이 생각하는 바를 조리있게 쓰지 못한다면 소통은 실패한 것이나 마찬가지다. 학문을 하는 사람이라면 논문의 형태로 자신의 생각을 외국어로 표현해야 하며, 비즈니스를 하는 사람은 이메일이나 공문을 통해 비즈니스 파트너를 설득할 수 있어야 한다. 협상할 때도 여러 가지 논쟁을 글로 써서 진행하기도 하므로 준비해 두어야 한다.

다음으로는 듣기가 중요하다. 특히 최근에는 동영상이나 팟캐스트의 형식으로 전 세계의 다양한 교육 자료나 강의, 문화콘텐츠 등이 인터넷에 공유되고 있기 때문에 외국어 듣기는 자신의 지식과 경험의 지평을 넓히는 데 매우 중요한 역할을 한다. 읽기와 쓰기, 듣기가 잘 된다면 말하기는 의외로 쉽고도 자연스럽게 가능하다. 말하기에 있어 가장 중요한 것은 외국어로 말할 기회를 얻는 것이다. 기회만 가질 수 있다면 말하기 능력은 생각보다 쉽게 향상될 수 있다.

13. 동기부여를 통해
자발적으로 공부하게 하라

또 한 가지 중요한 것은 외국어 능력의 중요성을 아이들에게 각인시키는 것이다. 무엇보다 자신의 필요에 의해 외국어에 매진할 수 있도록 동기부여를 한다면, 그 열정에 의해 외국어 능력은 일취월장하게 되어 있다. 필자의 경우에도 과거 영어나 일본어로 되어 있는 문화콘텐츠를 보기 위해서 외국어 공부를 열심히 하였기에, 그런 과거의 경험을 바탕으로 아이들의 교육에 접목을 시켜 톡톡히 재미를 보았다.

앞서도 언급했지만 필자는 게임이 매우 중요한 학습 도구라는 것을 잘 알고 있다. 그런데 여기에 일석이조의 효과를 누리기 위해 약간의 머리를 썼다. 먼저는 아이들이 어렸을 때부터 우수한 게임을 접하게 하여 잘 만들어진 패키지 게임의 매력을 알게 한 뒤, 이후 공부하지 않으면 안 되는 게임으로 아이들의 학습을 유도하였다. 이때 가장 먼저 골랐던 게임은, 세계사를 공부해야 게임을 잘할 수 있고, 이 과정에서 다양한 자료들이 영어로 제시되는 종류의 것들이었다. "에이지오브엠파이어(Age of Empire)" "토탈워(Total War)" "문명(Civilization)" 등의 게임이 그런 종류다.

이때 한글판이 아닌 영문판을 사서 매일 시간제한을 두고 게임하게 하였다. 단, 해당 게임을 마스터하기 위해 공부하는 시간에는 특별히 제한을 두지 않았다. 그랬더니 아이들은 영어사전을 이용해서 매뉴얼과 인터넷에 공개된 다양한 외국어 사이트를 뒤지면서 자료를 찾았고, 이러한 과정을 통해 영어 공부를 두려워하지 않게 되었다.

　게임 외에도 아이들이 좋아하는 취미를 파악해서, 그것을 잘할 수 있는 방법을 가르쳐 주는 방식으로도 외국어 학습을 유도할 수 있다. 필자는 아들이 게임을 좋아하는 것에 착안해 게임을 쉽게 만들 수 있는 몇 가지 도구를 소개시켜 주었더니 효과가 있었다. 대표적인 것이 "스텐실 웍스(Stencyl Works)"라는 도구였다. 이 도구를 잘 사용하기 위해서 아들은 사용설명서를 열심히 공부하면서 자연스럽게 영어에 대한 두려움을 떨치게 되었다.

　듣기 능력을 증진시키기 위해서는 동영상 강의가 잘 되어 있는 도구를 익히게 하는 방법을 썼다. 생각보다 쉽게 동영상의 특수효과 등을 익힐 수 있다는 것을 보여 준 뒤에 가장 흔하게 이용되는 몇 가지 도구를 소개하였다. 그랬더니 흥미가 유발된 아이는 여러 도구를 실험해 보다가, 결국 "애프터이펙트(After Effect)"라는 도구를 컴퓨터에 설치하고, 이 도구의 사용법을 가장 잘 설명하는 영어 동영상 강의를 찾아 듣기 시작했다.

　수백 개의 뛰어난 동영상 강의에 매료된 아이는 매일같이 이런 강의를 들었고, 급기야는 자신이 궁금해하는 테크닉을 익히기 위해 해당 동영상을 제작하는 미국의 청년에게 직접 이메일과 트위터 메시지를 보내면서 연락을 주고받았다. 이렇게 동영상을 많이 듣다 보니 영어로 된 영상을 보는 데 두려움이 없어졌다. 또 '히스토리채널'과 같이 해외에서 제작된 다큐멘터리를 원어로 듣는 연습을 하면서 자연스럽게 외국어 능력을 키워 나갔다.

  이처럼 외국어를 익히는 데 가장 중요한 것은 어쩌면 교재나 학원의 문제가 아니라 소통을 위한 외국어의 중요성을 아이들이 직접 느끼고, 자발적으로 공부할 수 있는 환경을 제공하고 동기부여를 하는 것이다. 아무리 시간을 많이 투자하고 비싼 학원에 다닌다고 하더라도 외국어의 필요성을 느끼고 자신이 열정을 가지고 노력하는 아이들을 당할 수는 없다.

PART 04

어떻게 가르칠 것인가

미래 교육을 위한 11가지 현실적 제안

CHAPTER 1.

나무가 아닌
숲을 보는 교육

이제 전 세계적으로 18세 이하의 미성년자 대부분은 인터넷이 없던 시절을 전혀 모르는 시대에 접어들었다. 이들 세대는 언제나 월드와이드웹(www)에 접속해서 자연스럽게 여러 가지 일을 해내고 수월하게 정보를 찾는다. 인터넷에 접속하는 것을 무슨 특별한 과정이라 생각하는 것이 아니라 자연스러운 것으로 생각한다. 이런 세대는 과거 세대와는 모든 면에서 크게 다를 수밖에 없다. 《패러다임 시프트 *Paradigm Shift*》 《위키노믹스 *Wikinomics*》의 저자이자 미래학자인 돈 탭스콧(Don Tapscott)은 앞으로 사회의 주역이 될, 네트워크에 익숙한 '넷 세대'를 '디지털 네이티브(digital native)'라고 칭하였다. 그렇다면 미래를 위해서는 이들 '디지털 네이티브'가 원하는 것을 파악하고, 이들을 위한 것을 기성세대가 만들어 주어야 하는 것 아닐까?

실제로 래티튜드(Latitude)라는 리서치 기관에서 했던 연구가 바로 이런 요구를 알기 위한 것이었다. 이들은 아이들이 미래를 그리게 하고, 미래 기술에 대해서 이야기하게 만듦으로써 어른들이 가지지 못한 통찰력을 찾아낼 수 있을 것으로 보았다. 실제로 아이들은 기술이 어떻게 자신들의 학습이나 놀이, 그리고 사람들과의 상호작용을 증진시킬 수 있을 것인지에 대해 매우 독창적인 의견을 많이 내놓았다.

1. 디지털 네이티브의 사고를 이해하라

디지털 네이티브 세대는 기존의 세대와 어떤 시각 차이를 보일까? 아이와 어른의 가장 큰 차이는 모든 생활이 인터넷과 통합적으로 연결될 수 있다는 것을 기본적으로 받아들이냐의 여부다. 모바일 기술은 물론이고, 교통카드나 스마트폰에 사용되는 RFID/NFC(무선 데이터 송신 기술)나 '물체들의 인터넷(internet of things)' 시대를 기정사실화하고 새로운 경험이나 이야기를 전개한다. 기술은 '인간의 확장(extensions of man)'이라고 표현했던 마셜 맥루한의 말을 아이들은 특별히 배우지 않아도 인지하고 있는 것이다.

기술이 인간의 확장이라면, 실세계에서 이루어지는 물체들과의 상호작용에 대한 확장도 당연한 것이다. 어찌 보면 기술은 우리의 경험을 확장시키는 관문과도 같은 것이며, 세계와 우리를 연결시키는 역할을 점점 더 많이 하고 있다. 다시 말해 기술은 더 이상 기술 자체로 머물지 않는다. 기술은 주변을 둘러싼 환경과의 상호작용을 통해 더욱 의미 있는 경험을 인간들에게 선사하고 있는데, 디지털 네이티브인 우리 아이들은 이를 본능적으로 인지하고 있다.

이렇게 연결된 사회에서 가장 중요한 철학 중의 하나가 바로 '공유 정신(sharism)'이다. 덴마크 레고학습연구소의 보 스티에르네 톰센(Bo Stjerne Thomsen)은 '내가 더 많이 줄수록 더 많은 것을 얻을 수 있으며, 더 많이 공유할수록 더 많이 공유받을 수 있다'는 개념을 어른들은 받아들이기 힘들지만, 디지털 네이티브의 상당수는 이를 가르쳐 주지 않아도 체득하고 있으며, 이를 실행한다고 이야기한다.

디지털 네이티브가 기성세대와 다른 점은 이것만이 아니다. 이들은 온라인 게임이나 인터넷 활동을 하면서 다중의 가상 인격 사이를 전환하는 것에 익숙하고, 이를 부담스러워하지 않는다. 또한 닌텐도 '위(Wii)'나 '엑스박스 키넥트(Xbox Kinect)'와 같은 현실 세계와 인터넷 게임 상의 세계가 연결되고 혼합된 상황인 혼합현실(mixed reality) 기술에 대해 별로 신기하게 생각하지도 않는다. 기술과 인간이 상호작용하는, 기술의 일부로 간단하게 받아들인다. 이들에게 온라인과 오프라인 세계는 이미 연결되어 있는 세상이며, 각각의 세계가 상호작용을 통해 더 좋아질 수 있게 되기를 바란다.

래티튜드의 보고서에도 게임 "앵그리 버드"를 하면서 근거리 접축 통신(Near Field Communication, NFC)이나 위치추적시스템(Global Positioning System, GPS) 등을 이용해서 실세계와 상호작용하는 경험을 여러 가지 형태로 그려 내고 있다. 이 보고서에서 가장 눈에 띄는 것은 물리적 세계와 디지털 세계의 장벽을 깨는 기술을 그들이 원한다는 점이다. 여행 시뮬레이션 등 보다 몰입감이 강한 물리적 공간과 행동을 도와주는 다양한 디바이스와 보다 사람에 가까워진 로봇 같은 인간 친화적인 기술이 앞으로 더욱 필요할 것이다. 특히 콘텐츠와 게임의 요소가 스크린 공간에 머물러 있는 것이 아니라, 물리적인 공간과 생활에 직접적인 영향을 미쳐 우리의 생활과 사회가 변할 수 있다는 가능성에 주목할 필요가 있다.

결국 부모 세대는 아이들과 자주 대화하고 그들의 미래에 대한 새로운 시각을 듣는 것을 게을리하지 말아야 한다. 집에 가면 많은 대화를 나눌 수 있는 창의적인 디지털 네이티브들이 있는데, 이들에게 상상의 나래를 펼칠 수 있는 기회를 준다면 우리 사회와 가정에도 '기술'을 중심으로 한 대화로 공감을 나눌 수 있지 않을까? '어떻게 다르게 가르칠 것인가?'라는 문제에 대한 답은 이렇게 그들을 이해하는 노력에서 시작해야 할 것이다.

2. 단문 세대, 숲과 나무를 같이 보는 균형이 중요하다

일상생활에 ICT기술이 깊숙이 접목되면서 모든 사물이 인간과 긴밀하게 연결되어 데이터를 생성하고 인간과 사물의 네트워크가 하나로 뭉쳐지면서 다양한 변화가 나타나는 시대를 '초연결 시대(hyper-connected era)'라고 부른다. 앞으로 다양한 센서 기술이 나타나고, 소셜 웹처럼 사람과 사람 사이를 연결하는 기술이 폭발적으로 도입되고 또한 대량의 데이터를 처리할 수 있는 기술이 발달하면서 초연결 시대는 우리 사회에 많은 변화를 가져오게 될 것이다.

초연결 시대로의 변화가 가져오는 긍정적인 측면도 있지만, 그에 따른 부정적인 측면도 간과해서는 안 된다. 실제로《생각하지 않는 사람들 The Shallows》의 저자인 니콜라스 카(Nicholas Carr)는 최근의 디지털 테크놀로지가 인간의 뇌를 바꾸고 있고, 생각하는 능력을 퇴보하게 만든다고 주장하였다. 여기에 더해 인터넷에 연결되어 있지 않으면 불안 증세를 느끼는 인터넷 중독 환자도 늘고 있다.

우리는 초연결 시대가 우리에게 전해 주는 마력에 빠져들고 있지만, 동시에 얄팍하고 편협하고 급하고 피상적이고 분열되고 산만한 사고에 너무나 쉽게 젖어 들고 있다. 2010년 독일에서는 인터넷과 차단된 상태에서의 일상생활을 영위하면서 도리어 인터넷이 없던 시절의 멋진 경험들을 재발견하는 과정을 하루하루의 에피소드를 통해 실감나게 기술한 기자의 책이 베스트셀러에 오르면서 초연결

시대에 도리어 '연결의 단절'이 가져다주는 장점이 다시 부각되기도 하였다. 미국 뉴욕에서는 인터넷은 물론, 외부의 무선인터넷이나 심지어는 휴대폰 전파까지도 차단해 디지털 기술과의 접속을 막는 공간인 소위 '블랙 카페'라는 것이 인기를 끈다고 한다.

기원전 4세기 무렵 플라톤은 《파이드로스 Phaidros》라는 책을 통해 주인공인 아테네 시민 파이드로스와 소크라테스의 대화를 소개한 바 있다. 이 책에서 소크라테스는 문자로 생각을 저장하고 이에 다시 접근할 수 있는 것이 주는 실용적인 이익에 대해서는 동의하지만, 문자에 의존하면 인간의 사고력은 부정적인 영향을 받을 것이라고 주장했다. 즉, 문자가 인간의 기억력을 대체할 것이며, 글쓰기는 인간이 피상적인 사고만 하게 만들기 때문에 진정한 행복과 지혜로 향할 수 있는 기회를 빼앗을 것이라는 논지다. 이러한 소크라테스의 직관은 문자 체계와 글이 가져다준 장점을 경시하고 인간의 기억력과 사고력의 변화에 대해 과도하게 우려한 면도 있다. 그러나 초연결 시대로 들어가는 지금, 도리어 그의 말은 깊이 생각해 봐야 할 구석이 많다. 그는 인간이 가지고 있는 가장 중요한 능력인 '기억'을 당연히 늘 있는 것으로 여겨 소홀히 하지 말라고도 했다.

최근 이런 경고를 피부로 느끼는 경우가 많을 것이다. 과거 휴대폰에 전화번호부가 없었을 때만 하더라도 집 전화번호는 물론 자주 이용하는 전화번호는 대부분 외우고 다녔다. 그렇지만 최근에는 친한 친구의 전화번호는 물론 집 전화번호나 직장 전화번호도 외우지 못하는 사람들이 많다. 기억을 아웃소싱하면서 기억의 필요성을 느끼지 못함에 따라 기억력이 퇴화하고 있는 것이다. 내비게이션의 보급으로 인해 길을 찾는 능력이 감퇴된 사람들도 많다. 초창기 내비게이션은 길을 잘 모르는 사람들을 위한 보조 수단에 불과했지만, 이제는 내비게이션이 없으면 가까운 동네의 주요 빌딩조차 찾아가지 못하는 사람들이 많아졌다. 초연결 시대가 가져다주는 편리함이 인간의 뇌에 부정적인 영향을 미치고 있는 것이다.

인터넷과 디지털 테크놀로지, 스마트폰 등으로 대표되는 초연결 시대가 기억력에만 부정적 영향을 미치는 것은 아니다. 이들의 연결 방식과 인간이 지식을 획득하는 양태는 실제로 우리가 글을 바라보는 태도와 선호도에도 영향을 미친다. 그 대표적인 예가 일본에서 유행하고 있는 휴대전화 소설이다. 2001년 한 젊은 일본 여성이 문자메시지 형태의 이야기를 웹 사이트에 올리던 것이 소설의 형태로 확장되면서 하나의 장르가 된 이 소설 양식은 최근 일본 베스트셀러 소설의 상당수를 차지하는 등 글 쓰는 방식에까지 변화를 가져오고 있다.

문자메시지와 같은 단문에 익숙해진 젊은 세대에게는 전문적인 작가들의 문장이 지나치게 길고 난해하며, 핵심만 간단하게 전달할 수 있음에도 과도하게 늘여서 글을 쓰고 있다고 느끼기 쉽다. 이들은 과거의 방식으로 쓰인 글을 읽는 것을 기성세대에 비해 많이 힘들어한다.

인터넷 웹 페이지에 올라오는 글은 또 어떠한가? 인터넷은 링크를 중심으로 문서들이 엮여 있는 구조를 가진다. 링크를 클릭하면 우리는 새로운 글에 바로바로 접근이 가능하다. 구글과 같은 검색엔진은 중간 중간에 나타나는 잘 모를 만한 단어나 내용에 대한 정보의 목록을 즉시 제공한다. 또한 글을 읽다가 좋은 문장이 보이면 해당 문장을 복사해 친구들에게 채팅이나 SNS 등을 통해 바로 알릴 수도 있다. 이렇게 연결을 중심으로 하는 글 읽기 방식은 보다 다양한 가능성을 전달하고, 외부의 풍부한 지식에 대한 접근을 가능하게 만든다. 이는 곧 인간의 지식과 사고력에 도움을 줄 것 같지만, 실제로는 그렇지 않다. 링크를 중심으로 하는 하이퍼텍스트(hypertext) 구조는 같은 내용의 글이라도 종이로 인쇄되어 주어진 경우에 비해 사람들의 인지적인 이해도를 많이 떨어뜨린다는 연구 결과도 있다. 이런 측면에서 초연결 시대가 가져오는 인간의 인지 능력 저하에 대해서는 심각하게 생각해 볼 필요가 있다.

니콜라스 카는 인간이 인터넷을 보편적으로 사용하지만 웹이 만들어 낸 연결은 인간의 것이 아니며, 아무리 많은 시간을 검색과 웹 서핑에 투자한다고 해도 결코 웹의 연결이 인간의 것이 되지 않는다는 것을 강조한다. 기계에 기억을 아웃소싱하였다면, 그것은 어찌 보면 지성이나 정체성의 가장 중요한 부분을 아웃소싱하는 것과 마찬가지라고 볼 수도 있는 것이다. 인터넷의 보급이 확대되면서 '노하우(know how)'가 중요한 것이 아니라 '노웨어(know where)'가 더 중요하다는 말이 유행한 적이 있다. 이제 더 이상 지식은 개개인의 소유가 아니라 인터넷을 통해 찾을 수 있기 때문에 어디에서 지식을 찾을 것인지가 더욱 중요하다는 의미다. 실제로 이런 접근 방법으로 전문가와 일반인, 그리고 공급자와 소비자 등의 지식 격차는 과거에 비해 많이 줄어들었다. 그렇지만 우리가 가지고 있는 기초적인 지식과 사고력을 아웃소싱하는 행위는 결국 인지 능력의 발전을 저해하게 될 것이다.

물론 다른 견해도 있다. 니콜라스 카와 같이 인터넷과 디지털 기술이 가져오는 인간에 대한 부정적인 영향을 강조하는 시각에 대해, 미래학자 돕 탭스콧은 이러한 일부의 부정적인 시각들을 일축하였다. 그는 디지털 네이티브 세대는 적극적인 창조자이자 협력자 그리고 독자이자 작가이며, 심지어는 전략가라고 평가한다. 그러나 기성세대는 언제나 이런 새로운 세대에 대해 부정적인 평가를 많이 해왔다. 이기적이고, 학습 능력도 떨어지며, 인터넷에 중독되어 폭력적이고 자극적인 것만 찾는다고 지적한다. 특히 니콜라스 카의 주장과 같이 컴퓨터와 인터넷에 많은 시간을 보내면 깊고 창조적인 생각을 하지 못한다고 지적하면서, 집중하지 못하고 일종의 주의력결핍장애를 겪는다는 주장은 어느 정도 많은 사람의 지지를 얻고 있다.

그렇지만 이런 비판을 주로 하는 베이비붐 세대의 경우 일주일에 평균 22시간을 텔레비전 시청으로 보냈다고 한다. 텔레비전은 수동적으로 전달되는 것이기 때문에, 일부에서는 '바보상자'라고 부르면서 당시의 베이비붐 세대에 대해 걱정했던 시기가 있었다. 그런 측면에서 생각하면 우리가 접촉하는 미디어와 단말기의 형태 및 상호작용 방식이 달라진 것으로 이해해야지, 이를 지나치게 부정적으로 생각하는 것도 확실히 문제가 있다.

디지털 몰입과 쌍방향성이 있는 빠른 피드백에 익숙한 디지털 네이티브들은 기성세대에 비해 평균적으로 여러 가지 일을 더 빠르게 전환하며 처리하고, 인터넷을 이용해 필요한 것을 쉽게 찾아낸다. 이들은 수동적으로 정보를 받아들이거나 보기만 하는 것에 익숙하지 않다. 전 세계의 정보를 실시간으로 수집하고, 주어지는 정보를 블로그나 유튜브 등의 소셜 미디어를 이용해 공유하면서 자신의 잠재력을 적극적으로 드러낸다.

마크 프렌스키(Marc Prensky)는 저서 《디지털 게임기반 학습 *Digital Game-Based Learning*》을 통해 일반적으로 디지털 네이티브는 20대가 될 때까지 인터넷에서만 2만 시간 이상을, 인터넷 게임 및 비디오 게임을 하느라 1만 시간 이상을 쓴다고 밝혔다. 그러다 보니 인터넷과 비디오 게임이 이들의 뇌에 커다란 영향을 미칠 수밖에 없다. 1만 시간이라고 한다면, 말콤 글래드웰이 《아웃라이어》에서 말한 어떤 분야의 경지에 오르기 위해 투자해야 하는 시간이다. 그런 측면에서 바라보면 디지털 네이티브가 이십 대가 되면 게임과 인터넷의 대가가 되는 것이라고도 할 수 있겠다. 그렇다면 이런 게임과 인터넷의 대가들은 무엇을 잘하는 것일까? 이들이 가진 능력에서 현실 문제를 풀 수 있는 방법을 찾는다면 큰 의미가 있을 것이다.

요즘 아이들이 즐기는 게임은 과거 오락실 아케이드 게임에 익숙했던 X세대가 즐기던 게임과는 차이가 있다. 당시 대부분의 게임은 경쟁을 주제로 했다. 게임을 하면 점수가 기록되고, 두 명이 하는 게임에서는 한 명은 이기고 한 명은 지는 상황을 연출했다. 그와 달리 최근의 게임은 대부분 육성과 모험, 그리고 미션을 수행하는 것들이 많다. 또한 다양한 참가자들이 함께 집단적이고 창조적인 행동을 해야 하는 경우도 있고, 과거의 적이었던 사람들이 협력을 통해 공동의 적과 싸우게 되는 경우도 많다. 이런 커다란 가상의 커뮤니티를 중심으로 하는 세계에서는 혼자 몰입되어 고독한 취미생활을 즐기는 '고립형 인간'보다는 사회적 활동을 중심으로 하는 '협업형 인간'이 보다 경쟁력을 가지게 된다.

인터넷을 통해 지식을 습득하는 방법에 있어서도 과거 세대와 아이들 세대에는 차이가 있다. 2006년 히샴 메스바(Hesham M. Mesbah)는 〈라디오와 오디오 미디어 저널 Journal of Radio and Audio Media〉을 통해, 인터넷으로 습득하는 정보가 종이 신문을 읽으면서 얻는 정보에 비해 디지털 네이티브 세대에게 어떻게 다른 영향을 미치는지에 대한 연구 결과를 발표한 바 있다.

이 연구에서는 전통적인 라디오 뉴스 방송, 클릭 한 번으로 들을 수 있는 온라인 뉴스 방송, 뉴스 항목을 하나하나 클릭해서 들어야 하는 온라인 뉴스 방송, 상세한 링크가 포함되어 있는 웹캐스트를 이용해서 똑같은 뉴스에 접근하도록 하고 어떤 뉴스를 더욱 잘 기억하는지 알아보았다. 결과는 클릭을 통해 뉴스를 듣거나, 세부적인 내용을 추가로 알 수 있도록 도와주는 쌍방향 뉴스 방송을 들은 경우가 처음부터 끝까지 뉴스를 일방적으로 전하는 전통적인 방식의 방송을 들었을 때보다 훨씬 기억을 잘한다는 것이었다. 이 세대는 일방적으로 보고 듣는 것보다 자신들이 직접 참여할 여지가 있는 것에 익숙하며 더욱 몰입하게 되는 것이다.

　기술은 이미 우리 인간 사회의 확장이기 때문에, 이를 지나치게 도구적인 관점에서 좋은 점만 부각하는 것도 문제고, 반대로 이들이 인간에게 미치는 영향을 두려워한 나머지 이를 부정하거나 거부하는 것도 역사를 퇴보시킨다. 인터넷과 디지털 같은 ICT기술이 인간에게 미친 부정적인 역할에 대하여 또 하나의 훌륭한 통찰을 보여준 리차드 왓슨(Richard Watson)은 《퓨처 마인드 Future Minds》라는 저서를 통해 니콜라스 카와 마찬가지로 해박한 지식과 다양한 연구 결과를 인용해서 현재의 디지털 문화에 대한 위험성을 경고하였다. 그러나 그는 이런 문제를 지적함과 동시에 어떻게 하면 디지털 시대의 장점은 이용하되 단점은 최소화할 수 있을지에 대한 방법을 제시하고 있다. 그의 메시지는 다음과 같다.

　"우리는 행동은 다소 줄이되 반대로 생각은 늘려야 한다. 그리고 가끔은 속도를 줄여야 한다. 또한 행동과 발전을 혼동하지 말고, 모든 커뮤니케이션과 결정을 순식간에 해야 한다는 생각에서 벗어나야 한다."

　디지털과 인터넷, 소셜 웹은 정말 많은 것을 바꾸고 있으며, 전반적으로 우리 인간의 삶을 풍요롭고 행복한 방향으로 이끄는 데 기여하고 있다는 것을 부정할 수는 없다. 그렇지만 이런 긍정적인 효과에만 사로잡혀서 우리 사회와 개개인이 과거에 가지고 있었던 장점을 잃어버린다면 그것도 불행한 일이다. 모든 것에는 '균형'이 중요하다. 최근과 같이 바쁘게 변해 가는 사회에 동양철학의 고전들이 각광받고 '중용'의 미덕이 다시 떠오르는 것은 우연한 일이 아니다. 빠르고 편리한 도구들의 장점을 누리되, 느리고도 진중한 아날로그적인 삶과 감성을 잃지 않는 균형 감각은 디지털 시대를 살아가는 우리가 지녀야 할 중요한 덕목이다.

그런 측면에서 아이들에게 부모가 가르쳐야 할 능력도 이와 같이 숲과 나무를 한꺼번에 볼 수 있는 것이어야 한다. 빠름과 느림, 그리고 편리함과 인간 본연의 능력을 잃지 않도록 만드는 다양한 '중용'의 미를 가르치는 것이다. 구체적으로 다음과 같은 몇 가지 합의 가능한 규칙을 만들어 놓고 집에서 부모와 자녀가 함께 지키도록 하면 어떨까?

1. 휴대폰과 PC, 게임과 인터넷 등은 정해진 시간만큼 이용하도록 한다.
2. 매주 하루 반나절은 휴대폰과 PC, 게임과 인터넷을 하지 않는다.
3. 부모와 아이들이 함께 산책하면서 진중하고도 소소한 이야기를 나눌 기회를 가진다.
4. 한 달에 한 번은 가까운 공공도서관에 가서 책 속에 파묻혀 몇 시간을 보낸다.
5. 일주일에 하루는 부모와 아이들이 함께 게임하는 시간을 가진다.

3. 문과? 이과? 구분은 없어지고 융합은 빨라진다

우리나라 학부모들과 학생들의 교육에 대한 고민은 참으로 다양하지만, 고등학교에 들어가면서 하게 되는 가장 큰 고민 중 하나가 문과와 이과를 선택하는 문제다. 사실 문과와 이과의 구분은 워낙 오래된 이야기라 이것을 문제 삼는 것이 이상하게 느껴지는 사람들도 있을 것이다. 그렇지만 취업 시장이나 미래의 직업과 관련한 여러 가지 전망을 하다 보면 문과와 이과의 구분을 폐지하는 것이 필요함을 분명히 느낀다.

문과와 이과는 도대체 뭐가 다른 것일까? 우리나라에서는 대학 입시를 치르기 위해 학과를 구분했기 때문에 어떻게 하는 것이 자신이 점수를 올리는 데 유리하고 불리한지 따져 보고, 동시에 미래에 가지고 싶은 직업과 관련된 학과에 맞추어 정하는 것이 일반적이다. 그러나 이는 잘못된 가이드라인이 아닐 수 없다. 미래에는 직장이나 직업, 그리고 대학에서 문과와 이과의 구분을 폐지하거나 융합하는 변화가 더 빨라질 것이다. 이미 선진적인 대학들은 그런 변화를 적극적으로 수용하고 있다. 이런 변화가 극적으로 나타나지 않는 이유는 워낙 문과와 이과 구분이 오래되어서 체계를 바꾸는 데 들어가는 부담과 비용이 크기 때문이다. 이제는 폐지의 필요성이 점점 더 커지고 있는 상황이라 머지않아 대세가 될 것으로 생각된다.

하지만 여기서 중요한 것은 문과와 이과의 구분을 폐지하는 것 그 자체가 아니다. 소위 문과를 대표하는 인문학과 이과를 대표하는 자연과학의 차이와 공통점을 이해하고, 개인의 역량을 키울 수 있도록 하는 것이 더 중요하다. 그런 측면에서 인문학과 자연과학의 본질에 대해서 부모들이 반드시 제대로 이해하고 있어야 한다.

인문학은 인간에 대한 학문이다. 문학과 역사, 철학으로 대표되는데 인간의 존재 의미와 삶에 대한 가치관을 결정하고, 과거에서 현재까지의 역사를 이해함으로써 미래를 대비하며, 예술과 스토리, 공감할 수 있는 행복한 삶과 관련된 학문이 바로 인문학을 구성한다. 그에 비해 자연과학은 합리적이고 비판적인 사고를 통해 자연의 법칙과 정체를 밝혀내고, 이를 인간에게 유용하게 쓸 수 있도록 하는 학문이다. 기초과학이 주로 법칙 그 자체에 초점을 맞춘다면, 응용과학인 공학은 이를 유용하게 사용하는 데 초점을 맞춘다. 그런데 이런 인문학과 자연과학은 굳이 대립할 이유가 없다. 인간은 자연을 떠나 존재할 수 없고, 세상에 대한 인식은 과학적 이해를 통해서만 가능하다. 반대로 과학에서 얻어 낸 법칙이나 기술들이 인간의 삶에 대한 가치와의 연관성을 잃어버린다면 가치가 없는 것이나 마찬가지다.

1990년대 중반, 베닝턴대학을 미국에서 가장 혁신적인 교육을 하는 대학으로 변신시킨 리즈 콜먼(Liz Coleman)은 대학교수의 정년보장(tenure) 시스템을 폐지하고 수많은 교수를 해고하는 등 파격적인 혁신을 감행하였고, 동시에 학과를 없애거나 융합하고, 인문학을 중심으로 하는 통합교육 체제를 출범시켰다. 그녀는 미국의 대학교육이 전문화만 강조하다 보니, 본래의 대학이 가지고 있었던 폭넓은 시각과 시민사회 참여를 위한 확장된 능력을 제공하는 데 더 이상 아무런 역할을 하지 못하게 되었다고 지적했다. 지난 100년 사이 '전문가' 개념이 '교육받은 종합 지식인'의 자리를 빼앗고 지적 성취의 유일한 모델이 되었다는 것이다.

리즈 콜먼의 TED 강연
"인문학 교육의 혁신을 촉구하다"

그녀의 지적과 같이, 대학 교육의 전문화도 중요하지만 전문가 모델을 길러 내는 것에 더 집중하다 보니 대학에서 배우는 주제들은 점점 더 작은 조각들로 분해되고 기술적이고 난해한 것에만 초점을 맞추기 시작하였다. 대학생들은 보다 작은 것에 대해 보다 많이 배운다. 그에 비해 그녀의 표현에 의하면, "우리는 어떤 세계를 만들고 있는가?" "우리는 어떤 세계를 만들어야 하는가?" "우리는 어떤 세계를 만들 수 있는가?" 등의 질문에 답할 수 있는 교육과 가치는 점점 더 외면받고 있다.

이런 현실 인식 속에서 그녀는 베닝턴대학에서 정치사회적 과제 그 자체인 건강, 교육, 무력의 사용 등을 중심으로 교과를 편성하고 학과의 벽을 해체하는 데 성공했다. 그리고 이것이 분리보다 연결을 위해 고안된 상호의존적인 것들이지 고립시키는 분야가 아니며, 이런 주제들을 학습의 대상으로 보는 것이 아니라 행동의 틀로 보아야 한다고 강조한다. 중요한 문제에 대해 어떻게 행동할지 고민할 때는 깊은 사유가 중요하다.

이를 지원하기 위해서는 어떻게 말하고 표현하는지에 대한 학문, 사물의 세계를 새롭게 만들어 내는 것과 관련한 학문, 그리고 어떻게 중재하고 열정을 끌어낼 수 있을 것인가에 대한 학문이 필요하다. 또한 사유와 행동을 연결하기 위해서는 교육기관 밖에서 갈고닦은 지식이 필요한데, 리즈 콜먼은 이를 위해 학교 바깥의 사회 활동가, 비즈니스 리더, 변호사, 정치인, 전문가가 적극적이고 지속적인 참여자로 교수진에 합류할 것을 제안하였다. 아울러 학생들도 교실 밖으로 나가 세계와 직접 마주하도록 하는 새로운 교육 방법을 제시하였다.

혁신적인 미국 대학의 이야기로 치부할 수 있지만, 지나친 전문화를 경계하고 개개인의 전인적인 능력을 함양하며 행복한 삶을 살 수 있도록 하는 다양한 형태의 시도가 국내에서도 서울대학교의 자유전공학부를 포함하여 여러 대학에서 이루어지고 있다. 이는 비단 대학에서만 해야 하는 일이 아니다. 사회에서 필요로 하는 인재상이 바뀌고 대학의 혁신이 이루어진다면 어쩌면 당연히 초·중·고등학교 과정에도 이에 발맞춘 교육이 필요할 것이다. 학교가 변해야 한다고 생각할 수도 있겠지만 교육의 주체인 학생 본인과 학부모도 보다 적극적으로 이런 변화를 준비할 필요가 있다.

이런 변화의 양상은 최근 융합이 중시되면서 나타난 단순한 경향이 아니다. 교육의 본질에 대해 고민해 온 세계적인 사상가와 전문가들이 이에 대해 계속해서 이야기해 왔다. 그중에서도 대표적인 교육학자들이 했던 이야기를 한번 되돌아보도록 하자.

4. 루소, 페스탈로치, 프뢰벨, 그리고 존 듀이가 제시한 새로운 교육

　유럽에서 교육과 관련하여 가장 커다란 사상적 영향을 미친 철학자를 한 명 꼽으라고 한다면, 장 자크 루소일 것이다. 장 자크 루소는 '사회계약론'으로 유명한 계몽주의 철학자지만, 《에밀 *Emile*》을 통해 교육학 분야에서도 큰 업적을 남겼다. 그는 가상의 인물인 '에밀'이라는 젊은이를 자율적이고 독립적으로 생각하며 권위에 의존하지 않고 스스로의 힘으로 삶의 문제를 해결할 수 있는 사람으로 만들어가는 교육에 대해서 설명하였다. 루소가 가장 중시한 것은 자신의 지혜로 세상을 살아갈 수 있는 능력을 배양하는 것이었다. 그는 타인을 자신의 노예로 만드는 것이 아니라 동등한 위치에서 삶을 살아갈 수 있는 시민으로 성장시키는 것이 교육의 핵심이라고 주장하였다. 그래서 에밀이 받는 교육은 매우 실용적이었고 '실행'을 통해 학습하게 했다.

　루소가 이론적인 측면에서 새로운 교육에 대한 그림을 제시했다면, 스위스의 교육가인 요한 페스탈로치는 실제로 학교를 변혁시키기 위해 노력하였다. 그는 기존의 학교 교육이 주로 암기 학습과 주입식 교육으로 이루어져 있어 권위에 순응하고 질문을 제기하지 않는 순종적인 시민을 양성하는 교육이라고 보고, 잠재된 비판 능력을 계발하여 자발적이고 적극적으로 탐구하는 인간으로 성장시키는 교육을 해야 한다고 주장하였다. 그는 소크라테스와 같이 비판과 토론을 하는 교육과, 루소가 주장한 참여를 통해 유쾌함을 느낄 수 있는 교육, 그리고 상식적인 교육을 대안으로 제시했다. 또한 페스탈로치는 교육에 공감과 사랑이 중요하다고 역설했으며, 이상적인 교육자는 소크라테스와 같이 지적 자극을 주면서도 동시에 어머니처럼 품어 주어야 한다고 주장하였다. 그는 교육에서 놀이의 중요성을 강조하기도 했다.

스위스에 페스탈로치가 있었다면, 독일에는 프리드리히 프뢰벨이 있었다. 그는 전 세계 어린이들의 교육 과정의 시작을 바꾼 개혁을 단행했는데, 바로 정규교육이 시작되기 직전 한 해 동안 아이들이 놀이와 사랑이 충만한 환경에서 인지 능력을 넓힐 수 있고 다양한 활동을 통해 지적 사고 능력을 배양하는 '유치원(kindergarten)'이라는 과정을 만들어 낸 것이다. 아쉽게도 우리나라에서의 '유치원'은 프뢰벨이 이야기했던 것과는 다른 역할을 하고 있는 곳이 많은 것 같지만 말이다. 프뢰벨은 어른들이 자신의 지혜를 아이들에게 그대로 인식시키도록 하는 전통적 교육 모델을 싫어했다. 그는 교육이 아이들 속에 잠재된 능력을 놀이를 통해 자연스럽게 이끌어 내고 계발시키는 데 초점을 맞추어야 한다고 주장했다.

이 세 명의 사상가들이 이론적인 측면에서 새로운 교육에 대해 이야기했다면, 이를 실천하여 미국의 교육을 변화시킨 사람은 존 듀이다. 그는 미국의 전 학교의 교육관과 교육 이념에 영향을 준 사람으로, 아이들에게 사실만 주입시키고 수박 겉핥기식의 반복 학습으로 암기하게 만드는 교육법의 폐단을 지적하고, 아이들이 자기만의 생각에 책임을 지는 법과 호기심과 비판 정신을 가지고 세계와 만나는 방법을 배워야 한다고 주장하였다.

듀이는 특히 전통적 교육이 학생들의 수동적 태도를 독려한다는 점을 비판하였다. 아이들이 지적인 열망이나, 조심성, 질문하려는 의지도 없이 수동적으로 수업을 듣거나 책을 읽고, 사색과 탐구의 활기가 약화되는 의존적인 사람으로 키워진다면, 그것은 자신의 삶에도 부정적인 영향을 미치지만 민주주의의 발전과 사회의 역동성에도 부정적일 수밖에 없다는 것이다. 듀이는 아이들을 적극적으로 변화시키기 위해 교실 자체를 교실 바깥의 세계와 연결되는 공간으로, 삶의 문제들이 논쟁되며 실제적이고 실용적인 기술들이 재현되는 공간으로 바꿔야 한다고 주장하였다. 그래서 삶의 문제를 적극적으로 직면하고, 타인과 만나 상호작용하는 과정을 중시하였다.

그는 훌륭한 학교에서는 서로를 존중하되 비판적인 태도로 공통적인 과제를 수행하고, 함께 문제를 해결하는 능력을 기르게 해야 하고 그것이 자연스럽게 시민정신에 필요한 기술들을 연마하는 지름길이라고 여겼다. 그에게 '협동'이란 손을 쓰는 노동과 다른, 숙련된 기술직에 대한 존중심을 함양하는 활동이었다.

전통적 교육법에 집착하는 학교에서는 사무직을 선호하는 엘리트주의적인 태도가 나타났지만, 듀이의 사상이 접목된 학교에서는 실제 삶의 문제와 생활에 바로 적용할 수 있는 실용적인 프로젝트들에 대한 이해를 추구하면서, 동시에 다른 아이들과 어울려 사는 삶을 실천하였다. 이러한 과정을 통해 아이들은 많은 질문을 만들 수 있다. '이런 물질은 어디에서 기원한 것일까?' '대체 누가 이것을 만들었지?' '어떤 과정을 통해 이 물건이 내게 온 것일까?' '사회가 이런 형태의 노동을 계속 유지하려면 어떻게 해야 할까?' 등의 질문이 그것이다.

이처럼 세계적인 교육학자들은 전통적인 교육 방식의 문제점을 지적하고, 특히 일부의 전문적인 지식으로 무장한 선생님들이 칸막이를 치듯 다른 분야와 동떨어져 주입식으로 지식을 전수하고, 문제를 풀며, 시험을 보는 오늘날의 일반적인 교육이 어떤 문제를 수반하고 있는지 지적하였다. 아이들은 이미 자신의 삶을 살고 있는 것이며, 세상과의 상호작용을 통해 많은 것을 배울 수 있다. 이런 삶에 대한 본질적인 이해와 우리를 둘러싼 자연과 사회에 대한 이해를 바탕으로 학문을 적극적으로 탐구하고 접목하는 지혜를 배우는 것이 바로 '융합' 교육의 본질이다. 그리고 이런 변화는 누군가가 대신 만들어 내는 것이 아니라, 학생들이 주도적으로 해내야 하는 것이다.

CHAPTER 2.

공부도 놀이도 DIY!:
자기주도학습

학교의 주인은 학생일까? 학부모일까? 선생님일까? 아니면 또 다른 누구의 것일까? 학교는 교육을 하는 곳이다. 교육의 주체는 교사와 학생이다. 대다수의 사람들은 학생이 학교의 주인이라고 답할 것이다. 하지만 좀 더 생각해 보면 이 질문에 간단한 답을 낼 수 없다는 것은 누구나 알 것이다. 확실한 것은 학생은 학교에서 굉장히 중요한 역할을 하고 있지만, 학교의 운영에는 거의 관여하고 있지 못하다는 것이다. 학생회와 같은 형식적인 것들이 있지만, 학생들이 교육과정에 관여하거나 학교의 시설을 만들거나 운영하는 과정에 참여하는 경우는 거의 없다.

5. 학생들이 직접 학교를 만든다면?

만약에 학생들이 주체가 되어 학교를 디자인하고 운영한다면 어떻게 될까? 어찌 들으면 상상하기 어려운 이런 시도가 미국의 한 고등학교에서 "독립 학교(independent school)"라는 이름으로 있었는데, 학생들이 '학교 안의 학교'를 만들고, 한 학기 동안 실험한 과정을 유튜브에 공개하기도 하였다.

학생들이 학교를 만든다면 가장 먼저 없애려는 것이 무엇일까? 아마도 시험과 성적이 될 것이다. 그 다음에는 놀랍게도 수업을 없애 버렸다. 그리고 선생님들도 일단 교실에 항상 들어올 필요가 없다고 결정 내렸다. 어른들은 이들이 제대로 공부하지 못할 것이라 우려했다. 그러나 그것은 기우에 불과했다. 학생들은 주된 학습 과목으로 영어, 수학, 사회과학, 자연과학 등 네 과목을 정하고 자신들 나름대로 기본적인 규칙을 세운 뒤 이를 자율적으로 지키기 시작했다. 여기에는 크게 세 가지 기본 원칙이 마련되었다.

첫째, 매주 월요일마다 학생들은 자신들이 궁금해하는 질문을 가지고 온다. 이들이 가지고 오는 질문은 앞서 언급한 네 가지 주요 과목과 연관이 있어야 한다. 그 주에 해결해야 할 질문을 자율적으로 선정하는 것은 결국 질문에 대한 답변을 알고 싶어 한다는 것이다. 즉, 학습에 대한 동기부여가 되는 것이다. 각자의 질문을 수집한 뒤, 학생들은 다양한 조사나 실험 등을 하면서 일주일을 보내게 된다.

둘째, 매주 금요일마다 각자 배운 것을 공유하기 위해 공식적인 발표를 한다. 이 과정을 통해 질문에 대한 답변을 스스로 찾아낸 기쁨을 동료들과 나눈다. 중요한 것은 발표를 위해 주중에 조사와 실험에 최선을 다한다는 점이다. 또한 서로에게 흥미를 유발하기 위해 자신이 선택한 주제의 중요성을 어필하고 여러 사람이 이해할 수 있도록 발표를 준비하게 된다.

학생들이 선택했던 주제는 매우 창의적이고 재미있다. '불가사의한 사건들과 범죄와 처벌' '자연주의자 존 무어와 지역 음악 창립' '남아프리카의 HIV' '비행 수업과 비행기 모형' 등이다. 이처럼 학생들은 보통 주중 시간의 절반을 질문에 답하기 위해서 사용한다. 나머지 절반은 전체 학기 동안 꾸준히 자신을 위해서 투자한다. 어떤 학생은 처음으로 피아노를 배워 공연을 열었고, 밴드를 결성하였으며, 어떤 학생은 책을 보고 시를 쓰는 생활을 하였다. 어떤 학생은 학교의 학생들에 대한 다큐멘터리를 만들겠다고 결심하고 개요를 짜고 촬영 및 편집 기술을 배워 멋진 영상을 만들었다. 보통 하루에 2~4시간 정도를 이렇게 자신에게 꾸준히 투자했는데, 학기가 끝날 때면 당연히 상당한 성취를 이룰 수 있었다.

셋째, 학기의 마지막 3주 동안 "공동의 노력"이라는 그룹 프로젝트를 만든다. 이 프로젝트의 목표는 사회적으로 임팩트가 있는 것으로 세상을 바꾸는 것과 관련된 일이다. 이를 통해 서로 협업하고, 공동의 대의를 위해 화합한다.

'독립 학교(Independent School)'
유튜브 영상

한 학기 동안의 교육 실험, 학생들이 직접 생각해 낸 교육과정을 최고의 교육 전문가들이 만든 것과 비교한다면 어떨까? 개인적으로 학생들이 만들어 낸 규칙과 교육과정이 매우 훌륭하다고 생각한다. 학생들이 이런 경험을 할 수 있었던 것에는 무엇보다 학생들에게 모든 권한을 준 교장선생님의 결단이 큰 역할을 했다. 이 프로젝트가 처음 제안되었을 때, 누구나 예상할 수 있겠지만 교사들의 반발이 거셌다고 한다. 특히 선생님의 역할, 성적과 평가, 졸업장과 같은 기존의 시스템과는 너무나 판이한 부분에 대해서 우려했지만, 결국에는 선생님들이 승복했다. 그리고 학생들에게 지식 전달자보다는 생활지도자와 상담자, 그리고 조언자로서의 역할로 한발 물러나는 결단을 내렸기에 이들의 실험이 성공할 수 있었다.

많은 학생이 이 프로그램의 혜택을 보았다. 학교생활에 적응하지 못하고 학교를 싫어했던 학생들이 열정을 되찾았고, 배운다는 것의 소중함과 배우고 난 이후의 행복을 알게 되었다. 또한 학습이 개인적인 것에 그치지 않고 모두와 함께하는 공동의 활동이 되었으며, 서로가 서로를 지지하고 북돋아 주며 건설적인 비판을 할 수 있었다는 점도 중요했다.

학생들이 직접 구상한 교육과정은 시험 성적과 상대 비교라는 고독한 경쟁의 틀에서 동료를 잃어 가는 교육과는 다르다. 자발적으로 질문을 찾아 학습할 수 있게 되어 창의적인 사고를 기르고, 나뿐만 아니라 동료를 위해서 다양한 활동을 하게 된다. 자신이 흥미를 가지고 있는 일에 공감하고 협업할 수 있는 동료를 만나기도 한다. 또한 친구들이 해내는 것을 보면서 건강한 경쟁심도 가지게 된다.

이렇게 자신들이 무엇을 해야 하는지 찾아내고, 자신의 능력을 키워 나가는 주체가 자신이라는 것을 알며, 동료들을 도울 줄 알고, 독립적이면서도 자율적인 능력을 갖춘 아이들이 나중에 사회에 나가서 무슨 일을 못하겠는가? 학생들은 스스로 가르칠 수 있으며, 선생님들은 훌륭한 멘토나 조언자가 될 수 있다. 어쩌면 우리는 학교를 기성세대의 눈과 판단으로 재단함으로써 학교가 가진 강력한 가능성을 우리 스스로 무너뜨리고 있는지도 모른다. 사실 학생들은 어른들보다 훨씬 강하고 창의적이며, 겁이 없고, 실패를 잘 받아들인다. 이 프로젝트는 교육의 주체가 학생임을 다시금 일깨워 준다.

6. 디지털 기술이 가져온 교육 혁신은 새 시스템에 담아야 한다

새로운 학습과 교육에 대한 이야기를 하다 보면 가장 어렵게 생각하는 것이 평가와 관련한 부분이다. 무엇인가를 배운다는 것에 대해서, 정확하게는 무엇인가를 한 뒤에 그에 대한 적절한 평가를 받는 것은 개인에게 동기부여도 되고 목표 설정에 도움을 줄 수도 있기에 기본적으로는 반드시 필요하다. 그러나 그 형태와 틀거리가 너무나 천편일률적이고 새로운 기술이나 사람들을 따라가지 못한다면 그에 대해 다시 생각해 봐야 하지 않을까?

ICT로 대표되는 다양한 디지털 기술은 기본적으로 수정과 복제 그리고 확산이 쉽고 자유롭다는 특징을 가지며, 아날로그 교육에 비해 개인의 참여를 적극적으로 유도하는 쌍방향적인 특징을 가진다. 물론 지금도 디지털 기술을 도입한 교육과정이 있지만 이런 특징을 제대로 이용하기보다는 동영상 등의 디지털 미디어로 변환하고, 다양한 디지털 디바이스를 터미널로 쓰는 정도로 한정된 것이 많다. 그러나 새로운 시도를 하는 교육과정도 많아지고 있고, 앞으로는 그런 경향이 더욱 짙어질 것은 분명하다.

그렇다면 바뀌어 가는 교육과정에서 디지털 문화에 맞는 평가는 어떻게 해야 할까? 현재의 디지털 교육과정에서의 평가는 대체로 문제를 내고 푸는 기존의 아날로그 교육과정과 큰 차이가 없는데, 그 빈도가 더욱 짧아지고 짧은 퀴즈를 많이 푸는 방식이 대세를 이루는 듯하다. 아마도 디지털 기기에 대한 집중도가 짧고, 디지털 기술로 채점해야 한다는 한계가 이런 형태를 만든 원인일 것이다.

이것이 과연 올바른 방향인지에 대해서는 좀 더 많은 고민이 필요하다. 학습의 단위를 잘게 쪼개고 이에 대해 즉각적으로 평가하는 것은, 나무가 아닌 숲을 보는 교육과 여러 가지를 융합하고 엮어 내는 능력을 퇴보시킬 가능성이 있다. 이미 니콜라스 카의 《생각하지 않는 사람들》에서 지적되었듯이 인터넷과 디지털 기술에 익숙한 아이들과 젊은이들은 긴 문장을 읽고 기억하는 능력이 퇴보하고 있다고 하는데, 교육에 있어서도 그런 경향성을 강화시킨다는 것은 문제가 아닐 수 없다. 디지털 기술을 채용한 교육이 잘못되었다는 것이 아니다. 교육 콘텐츠의 디자인과 평가를 비롯한 관리 체계에 좀 더 신중한 접근이 필요하다는 것이다. 일단 기본적으로 무엇이 다른지 파악해야 한다.

가장 큰 차이점은 언제, 어디서, 누구와도 학습이 가능하다는 점이다. 그리고 1:1, 1:n, m:n의 다중 상호작용이 일어날 수 있다. 인터넷은 네트워크 구조를 가진다. 그렇기 때문에 이런 구조를 활용해서 교육한다면 학습과 소통, 협업과 자료 생산 등에 있어 기존의 아날로그 교육 형태와 다른 접근이 가능하다.

무엇보다 순차적인 접근보다는 네트워크를 통한 건너뛰기와 연결이 가능하다. 전통적인 교육은 시간과 장소를 같이 공유해서 감독이 가능하지만, 디지털 교육은 그럴 수도 있고 그렇지 않을 수도 있다. 도리어 시간과 장소는 학습자가 알아서 선택하는 방식이 전반적으로는 더 선호된다. 교재로는 전통적인 텍스트 이외에도 오디오, 비디오, 애니메이션과 게임 등 다양한 미디어를 활용할 수 있다. 최근에는 캐릭터를 만들어 역할을 수행해 나가는 개방된 형태의 롤플레잉 게임과 같이 만들어진 교육과정도 있다. 어찌 보면 과거에 비해 열린 교육의 형식으로 변화하고 있다고도 할 수 있다.

영국의 디지털 테크놀로지를 접목한 교육에 있어서 가장 중요한 의견을 내는 영국합동정보시스템위원회(JISC)에서는 2011년 〈디지털 시대의 효과적인 평가 Effective Assessment in a Digital Age〉라는 리포트를 발표했는데, 여기에서 몇 가지 좋은 방안이 제시되었다. 한 그룹에서는 미시적으로는 아이디어에 대한 이해도의 증진과, 거시적으로는 주어진 과업을 완료하는 것이 조화를 이룰 것을 목표로 제시하였다. 이 경우에는 여전히 전문가로서의 교사의 역할이 중시된다.

또 다른 그룹에서는 좀 더 파격적으로 디지털 시대의 특징을 도입하여 학생들에게 실험과 발견이 가능한 환경을 제공하고 협업과 아이디어를 공유하는 과정을 도입할 것을 주장하였다. 이를 통해 학습자들이 자연스럽게 평가 작업에 참여할 수 있다는 것이다. 이 경우 피드백은 학생들이 직접 여러 가지 고민을 통해서 하게 되고, 스스로 혹은 동료들과의 협업이나 대화를 통해 평가한다.

학생들이 커뮤니티에서 배우는 방안을 제시한 그룹도 있다. 실질적이고 전문적인 경험을 해 볼 수 있는 환경을 마련하여 주자는 것인데, 역사가나 과학자, 디자이너 등과 함께 실생활에서 의미 있는 프로젝트를 같이 해 나갈 것을 권장한다. 평가는 커뮤니티에서 다양한 피드백을 통해 이루어질 수 있으며, 실제로 프로젝트를 수행하기 때문에 결과에 따른 산출물의 완성도를 기준으로 삼을 수도 있다.

또 한 가지 중요하게 감안해야 하는 것은 이제는 학생들이 자신들의 성취를 직접 보여 줄 수 있는 도구들이 다양하다는 점이다. 시험이 아니더라도 다양한 방식으로 학습과 협업 과정, 그리고 배우고 있고 알고 있는 것을 나타낼 수 있다. 예를 들어 학습과 관련한 블로그나 페이스북에 댓글을 다는 것에서 시작하여, 위키를 활용하여 공동으로 정보를 모아 집대성할 수도 있고, 멋진 동영상을 만들어 제시할 수도 있다. 다양한 협업 도구를 통해 자신들이 배운 것에 대해서 정리한 뒤 모르는 것은 질문하고 답을 얻는 역동적인 활동을 하고, 개개인과 팀으로 각각 구분하여 평가하되 개인의 경우 적극적으로 참여한 정도를 참조하여 평가를 내릴 수 있다. 이러한 평가가 특정한 시간을 정해서 시험을 보는 것보다 더 객관적일 수 있다. 더 나아가서는 이렇게 만들어진 결과물을 동료들 사이에서 서로 평가하거나, 인터넷에 공개해서 일반 대중들이 댓글을 달거나 '좋아요' 버튼을 획득하는 것을 일정 정도 반영하는 것도 고려할 수 있겠다.

중요한 것은 기술이 해 줄 수 있는 것이 무엇인지 그 본질을 파악하고, 그에 맞는 새로운 방식을 도입하는 것이다. 새 술이 왔는데 과거의 헌 부대를 내놓으면 새 술의 맛을 제대로 느낄 수 없다. 디지털 기술이 도입되어 과거의 교육에 혁신을 일으키고 있는데, 여전히 학습 방법이나 평가 방법은 전통적인 도제식 교육을 고수하는 것이 옳은지에 대해 보다 근본적인 고민이 필요하다.

CHAPTER 3.

새로운 미래 학교, 그 실험과 고민

당신이 만약에 '꿈의 학교'를 짓는다면? 조금 더 구체적으로 이야기한다면, 빌딩은 어떤 모습으로 지을 것이고, 학교의 운영 방식은 어떻게 하겠는가? 교사는 어떤 사람들로 어떻게 구성할 것이며, 어떤 기술이 필요할까? 학교의 목표나 미션은 무엇인가?

어떻게 생각하면 굳이 학교의 형태가 아니어도 될지 모른다. 미래를 디자인하는 형태의 단기 캠프나 인생의 재충전을 위한 곳이 될 수도 있다.

이런 주제로 켄 로빈슨, 제프 자비스(Jeff Jarvis) 등을 포함한 전 세계의 영향력 있는 인사들이 지역을 뛰어넘어 스카이프(Skype) 등을 활용하여 인터넷 상에서 모임을 가지고, '꿈의 학교'에 대해 서로 의견을 나누고 구체화하는 행동을 시작했다. 이들은 웹 사이트도 개설하고 한 차례 직접 만나기도 했는데, 이들의 논의가 시발점이 되어 우리가 꿈꾸는 학교의 모습과 이를 실제로 구현하고 나눌 수 있는 가능성이 나오기를 많은 사람이 기대하고 있다.

7. 어떤 곳이 꿈의 학교일까?

이러한 시도가 실제 우리의 교육 현장에 접목되기 위해서는 우리도 이런 '꿈의 학교' 또는 '미래 학교'에 대해 고민해 보아야 한다. 많은 사람이 현실의 문제에 가로막혀 실현하지 못했던 꿈의 학교를 디자인하고, 이를 실체화시킬 수 있는 방안을 찾고자 노력한다면 언젠가는 실현될 수 있다.

아래의 내용은 켄 로빈슨과 제프 자비스 외 '꿈의 학교'를 위해 모인 이들의 첫 번째 미팅에서 나눈 내용을 간단히 정리한 것이다. 이것만으로도 미래의 학교에 대한 힌트를 얻을 수 있다.

-교육을 새롭게 재발명한다.
청소년들과 이들의 협업 커뮤니티 멤버들이 그들의 창의성을 혁신적인 응용 사례에 적용하고자 디자인하는 곳. 전통적인 의미의 연령별 학교의 경계는 중요하지 않으며, 학생들이 일방적으로 배우는 것이 아니라 같이 참여하는 것이다.

─전통적인 교실도 변해야 한다.

다양한 형태의 협업을 촉진하는 공간이 되어야 한다. 건물을 짓는다면 현재와 같은 커다란 박스 형태가 아니라 쉽게 변형이 가능하고, 가르치고 배우는 환경에 대한 새로운 아이디어가 나오면 순식간에 재배치가 가능한 형태가 되어야 한다. 첨단 기술을 지원하기 위한 인프라가 중요하지만, 기술 자체가 지나치게 깊게 관여되고 완성되어 내포되는 것은 바람직하지 않다. 아무리 앞선 것처럼 보이는 첨단 기술도 시간이 지나면 낡은 것이 될 수밖에 없으며, 기술에 지나치게 엮여 있는 구조는 혁신을 저해하는 요인이 될 수 있다. 학생들이 자신에게 필요한 기술들을 가지고 오고, 이를 지원하려는 책임감을 가지고 이들의 활동을 북돋아야 한다. 학교에서 모든 것을 준비하고 결정해서는 안 된다. 예산과 연구기금이 있다면 학생들에게 분배하고, 이들과의 논의를 통해 학습에 필요한 새로운 기술을 같이 도입한다.

─학교는 어린이와 청소년들만의 도구가 되어서는 안 된다.

지역사회 또는 가상의 커뮤니티 전체의 자원이 되어야 한다. 모두 같이 일하고(co-working), 여러 사람이 아이디어를 내서 학생들과 같이 새로운 활동을 시작할 수 있는 인큐베이터 역할을 할 수 있어야 한다. 또한 혁신적이고 비정규적이며, 눈에 보이지 않는 새로운 배움의 기회를 끊임없이 가질 수 있도록 도와주어야 한다. 새로운 교사나 조력자(facilitator)는 과거와 같이 일방적인 형태의 교육과 수련을 받은 사람들이 아니라, 창의성과 혁신에 대한 아이디어를 적절하게 분배하고 관리할 수 있는 큐레이터의 자질을 가진 사람들이 되어야 한다.

8. 100조 원이 투입된 영국의 미래 학교 프로젝트

교육 혁신과 관련한 강의와 이론의 대가인 본머스대학의 스테펜 헤펠(Stephen Heppell) 교수는 20세기의 공장식 학교 교육 모델이 보다 창의적이고 상시 적응이 가능한 '즉석 배움 환경(agile learning environment)'으로 변화되어야 한다고 주장한다. 심지어는 지난 세기의 교육은 이미 종말을 고했으며 새로운 배움의 세기가 도래했다고 이야기하는데, 그의 주장은 최근의 소셜 혁신의 트렌드와 어울리면서 점점 더 힘을 얻어가고 있다.

그는 영국 정부와 "미래의 교실(Classrooms of the Future)"이라는 프로젝트를 지원하고 있다. 2004년에는 이미 템즈강 인근 리치몬드의 '인제니움(Ingenium)'이라는 교실을 만들었는데, 영국 정부는 이 프로젝트의 성과에 만족하여 앞으로 영국의 모든 고등학교를 다시 재건축하기로 하였다. 무려 600억 파운드(약 108조 원)가 투입되는 "미래의 학교(Schools for the Future)" 프로그램이 그것인데, 일단 초기에 진행된 몇몇 학교의 결과는 여러 가지로 갈린다고 한다. 일부 학교는 미래지향적인 디자인과 설계를 지향하여 완전히 새로운 학교를 만들고 있고, 또 다른 학교는 20세기식 학교 디자인을 조금 모던하고 번쩍이게 바꾸는 정도의 혁신을 보여 주는 데 그쳤다.

어쨌든 이런 노력의 결과로 변화는 시작되었다. 비록 영국 정부의 재정난으로 이 프로젝트는 집행이 중단되었지만, 현재도 '자유로운 학교'에 대한 정의와 실험은 지속적으로 지원되고 있으며, 일부 그룹에서는 진정한 의미의 혁신적인 학교가 문을 열면서 큰 성공을 거두고 있다.

이런 새로운 교육 혁신의 바람은 전 세계로 퍼져 나가고 있다. 과거보다 많은 90~120명의 학급을 바탕으로 하는 수퍼클래스, 나이별로 분반하지 않고 다양한 연령대의 학생들을 섞어서 배우게 하는 환경, 학교 안의 학교나 집에서 하는 학습을 기본으로 하는 학교 등 여러 가지다. 학교에서의 교육 활동 역시 프로젝트 기반의 작업, 전시를 중심으로 하는 평가, 협업 기반의 학습 팀, 서로 다른 나이의 사람들이 상호 멘토링을 하고, 아이가 선생님이 되고 선생님이 학습자가 되는 등 다양한 활동이 시도되고 있다.

영국 포틀랜드에는 몇몇 지역의 교장 선생님들이 재미있으면서도 교육적 성과를 올릴 수 있는 새로운 프로그램을 만들기 원했고, 해당 지역의 선생님, 학부모, 그리고 아이들과 합의하여 평생학교를 만들고 있다. 유아에서부터 대학을 졸업한 성인까지 대상으로 하는 이 학교는 현재 300명 정도로 시작하였는데, 누구나 자신의 수준과 소질, 그리고 좋아하는 공부를 할 수 있다. 가장 중요하게 생각하는 것은 놀이성(playfulness)을 유지하면서도 시험은 투명하게 이루어지고 평가하는 연습을 하는 것으로, 학부모와 교사들이 이런 새로운 방식의 학습을 탐구하고 더 나은 모델을 찾아내서 유효한지 검증할 수 있도록 돕는 것에 초점을 맞춘다고 한다.

영국 본머스대학의 스테펜 헤펠 교수는 '미래의 학습 공간(3rd Millennium Learning Space)'의 세 가지 규칙을 다음과 같이 소개하고 있다.

-세 개 이상의 벽은 없다.
모든 공간은 완전히 열려 있지 않지만, 공간에 다양한 면들을 갖추고 있다.
-세 개 이하의 초점이 있어서는 안 된다.
가르치는 사람이 일방적으로 강의하는 것이 아니라 여러 그룹이 같이 배우고 서로의 생각을 발표해야 한다. 이를 위한 교실 가구나 인테리어 등이 고려되어야 한다.
-세 명의 선생님, 어른들이 있을 수 있는 공간이어야 한다.

그 밖에도 24시간 아무 때나 접근할 수 있고, 교실 바깥에서의 학습이 중요하며, 여러 연령대의 학생들이 같이 생활하도록 도와줄 수 있는 환경을 고려해야 한다는 것 등의 원칙을 새로운 학교를 만들 때 고려해야 한다고 주장한다.

학교는 멋진 공간이 될 수 있다. 크리스마스를 위한 무엇인가를 제작하거나, 저학년 아이부터 고학년 아이까지 함께 뒤섞여 멋진 뮤지컬을 준비하거나, 좋아하는 형들을 롤모델 삼아서 무엇인가를 배우거나, 동생들과 작업하면서 많은 것을 얻을 수 있다. 이러한 활동을 통해 협업하는 방법을 배우며, 일이 생각처럼 진척되지 않으면 주말에도 나와서 작업하고, 늦게까지 남아 있을지도 모른다. 그런 이들까지 고려한 열린 학교에 대한 고민을 바탕으로, 학교 자체에 대한 근본적인 혁신이 필요하다.

9. 기존 교육의 종말을 예고한 플로리다의 가상 학교 등장

앞의 사례들이 물리적인 공간, 학교라는 공간이 유지되고 있는 상황을 가정해 미래의 학교를 그려 본 것이라면 최근 플로리다 주정부에서 운영하는 온라인 학교는 가상 학교 형태의 업그레이드된 교육 과정을 발표하고 있으며 좋은 성과를 얻고 있다. FLVS(Florida Virtual School)라고 불리는 온라인 학교는 가상 학교도 앞으로 미래에 있어 매우 중요한 역할을 담당할 수 있다는 것을 보여 준다.

FLVS는 미국에서 최초로 주정부에서 만든 인터넷 기반의 공립 고등학교로 10년이 넘는 역사를 가지고 있다. 지금까지 9만 7,000명의 학생들이 이 학교를 통해 강의를 들었다. 이 학교에서는 특별한 학위나 자격증을 수여하지는 않지만, 125개가 넘는 인증된 강의 코스를 가지고 있다. 교과서는 없으며, 강의와 관련한 자료는 온라인으로 제공된다. 학생들의 학습 관리도 웹과 이메일, 전화, 심지어 일부 과목은 게임의 형태로 이루어져 매우 풍부한 상호작용이 오고 간다.

학생들은 풀타임 또는 파트타임으로 입학할 수 있는데, FLVS 관계자에 따르면 많은 학생들이 플로리다 주의 다른 학교를 다니고 있지만, 보다 역동적이고 재미있는 수업을 듣기 위해서 참여한다고 한다. 전체의 66퍼센트 학생들이 다른 공립학교를 다니면서 이 학교에 입학하였다. FLVS에는 정해진 등하교 시간이 없다. 학생들이 원하는 과목을 수강하고 싶은 달을 결정하면, FLVS에서 해당 과목을 지도할 선생님들의 시간을 조회하고, 정원이 차면 약 16~18주간의 수업이 진행된다. 실시간으로 이루어지는 온라인 강의는 아니며, 선생님들의 강의를 원하는 시간에 듣고 진도를 나가는 방식이다. FLVS에는 현재 1,200여 명의 스태프들이 일하고 있으며, 선생님들은 주정부에서 발급하는 교사자격증을 가지고 있다. 교사 중에는 플로리다에 사는 사람도 있지만, 다른 주에서 원격 강의로 참여하기도 한다.

이 학교에서는 온라인 강의에 잘 적응하도록 선생님들을 훈련하고, 또한 이런 환경에서 자신만의 강의를 하는 데 흥미가 있는 새로운 선생님들도 모집하고 있다. 1997년 설립된 이후부터 계속 발전되어 왔기 때문에, 이 학교는 교육 자원이나 모델이라는 측면에서 상당한 노하우가 쌓였다고 한다. 이 학교는 주정부의 지원으로 운영되기 때문에 플로리다에 거주하는 사람들에게는 교육비가 무료다. 플로리다 주 거주자 이외에도 누구나 이 학교의 수업에 참여할 수 있는데, 이 경우에는 한 학기에 한 과목당 375달러를 받는다고 한다. 따져 보면 한 달에 한 과목당 10만 원 정도로, 그리 싸다고는 할 수 없다. 이런 이유로 2010년, 플로리다 이외의 지역에서 유료로 수업에 참여하는 학생 수는 900명이 채 안 되었다고 한다.

최근 이 학교는 글로벌 시장을 목표로 사업을 확대하려고 준비하고 있는데, 이 부분은 FLVS 글로벌 스쿨이라는 영리 조직을 만들어서 운영한다. 이들은 개방형 전략을 추진하고 있다. 이곳의 솔루션이나 서비스를 활용해서 프랜차이즈를 시작할 수 있으며, 학생들의 수강 신청을 받을 수 있다. 이를 통해 양질의 교육이 시장에서 거래될 수 있도록 한다는 것이다. 재미있는 것은 학생들이 성공적으로 코스를 마치지 못하면 수강료를 받을 수 없도록 한 제약이다. 학생들에게 좋은 평가와 가치를 인정받지 못하면 살아남을 수 없다.

비록 전통적인 형태의 수업 모델을 바탕으로 하는 교육 방식이지만, 이런 성공을 바탕으로 미래 학교의 환경과 사회에서 더욱 좋은 교육이 탄생하고, 지속적인 변신과 창의적인 시도를 해 나갈 수 있다면 교육 환경의 변화에 점진적으로 긍정적인 영향을 미칠 수 있을 것으로 기대된다.

10. 온라인 교육이 학교를 대체할 수 있을까?

최근 미국 교육부에서 수행한 온라인 교육에 대한 연구 결과가 공개되었는데, 그 결과가 놀랍다. 결론을 이야기하면, 온라인 교육을 했을 때가 직접 얼굴을 마주하고 진행하는 전통적인 교육을 했을 때보다 더 좋은 테스트 결과가 나왔다는 것이다.

물론 이 리포트 결과는 조심스럽게 해석해야 한다. 리포트의 저자들도 이러한 언급을 했는데, 기본적으로 비교 대상이 되는 곳들의 기타 제반 여건이 동일하지 않기 때문에 이를 직접 비교한다는 것 자체가 무리가 있다. 교재가 다르고, 가르치는 선생님이 다르고, 심지어는 학생들이 학습에 사용한 시간도 정확하게 제어가 되지 않았기 때문에 방법론적으로 온라인이 전통적인 방식보다 낫다고 결론 내리는 것은 위험하다. 그렇지만 확실한 것은 온라인 교육을 제대로 활용한다면 상당한 효과를 볼 것이고, 이는 우리나라에서도 다양한 방식의 교육이 이루어지면서 실제 증명되고 있다는 사실이다.

이런 이유로 전체적인 리포트의 결론보다 눈에 띈 부분은 온라인 교육의 유형과 관련한 개념적인 틀을 제시한 부분이었다. 크게 다음의 세 가지 유형으로 분류했다.

- 노출형(expository)

디지털로 변환된 정보(동영상, 오디오 등)를 학습자가 수동적으로 받아들이는 형태

- 능동형(active)

학습자가 온라인 교육 도구를 조작해서 여러 지식을 쌓는 방법

- 상호작용형(interactive)

다양한 협업을 통한 상호작용으로 지식을 배우는 형태

현재까지의 온라인 교육은 노출형(expository)에 주로 의존하고 있다. 특히 전통적인 강의 형식을 웹으로 옮겨 놓은 것이 대부분이고, 대표적인 온라인 강의 중의 하나라고 할 수 있는 MIT의 오픈코스 웨어나 여러 인터넷 강의도 이 범주에서 벗어나지 못하고 있다.

앞으로 어떻게 변하게 될까? 소셜 미디어와 트위터 및 페이스북과 같은 소셜 네트워크 인프라를 바탕으로 상호작용형 교육이 늘어날 것이고, 특히 현재 선생님과 학생이 서로 다양한 형태의 가상 대면 접촉을 하고, 실시간 또는 시차를 두고 문제를 해결해 나갈 수 있게 될 것이라 생각한다. 다양한 도구를 사용하고 상호작용 방식이 활성화된다면 직접 교실에서 교육받는 것보다 효과적일 가능성은 충분히 높다. 실제로 최근 인기를 끌고 있는 대규모 온라인 교육(Massive Online Open Course, MOOC)의 대표 주자인 코세라(Coursera)나 유다시티(Udacity) 등의 교육과정은 매우 다양한 상호작용 방식과 도구들을 이용하여 교육에 접목하고 있고, 각각의 코스의 특징에 맞게 기간과 도구, 증명서를 발급하는 조건에 대해서도 다양성을 인정하면서 더욱 발전하는 양상을 보여 주고 있다.

온라인 기술은 미래 교육을 더욱 풍부하게 하고, 교육에 들어가는 비용 대비 효율을 증대시킬 것이다. 교육에 필요한 교재도 오픈소스 정신에 따라 구하기 쉽고 저렴하게 공급될 것이다. 그렇다면 이러한 거대한 변화의 물결 속에서 교사를 포함한 교육자의 역할은 무엇일까?

비록 온라인으로 교육 콘텐츠가 올라간다고 해도 기존의 교육 방식에서 교육자가 학습자를 끌어가는 '관리'의 측면을 무시해서는 안 된다. 교육을 의미하는 'education'이라는 단어는 라틴어인 'educare'에서 나왔다. 이 단어의 의미는 영어로 'to lead out'이다. 즉, 배우는 사람을 끌고 나간다는 것이다. 비록 온라인 콘텐츠가 많아져서 이를 마음대로 보고 읽을 수 있다고 하더라도 교육자는 배우는 사람의 진도나 이해도 그리고 학습의 목표에 다가가는 과정 등에 대해 종합적으로 판단하고 이를 관리할 책임이 있다. 그런 측면에서 현재의 온라인 교육 도구들은 교육자들에게 좋은 조력자의 역할을 하는 것이지, 그 역할을 완전히 대체할 수는 없는 것이다.

그렇다면 올바른 미래의 교육자는 어떤 사람일까? 당연히 좋은 도구를 많이 쓸 수 있는 교육자는 훨씬 다양한 방식으로 학생들을 주도할 수 있다. 단순히 자신이 가지고 있는 전문 분야의 지식만 많이 쌓는다고 좋은 교육자가 아니다. 미래형 교육자로서 훌륭한 자질을 가지기 위해서는 첨단 교육 방식과 도구, 그리고 소셜 네트워킹 도구에 무지해서는 안 된다. 학생들과의 올바른 상호작용보다 더 나은 관리 방법이 없기 때문이다.

이러한 측면에서, 교육자는 여전히 앞으로도 많이 필요할 것이다. 물리적인 학교 공간이 미래에도 반드시 필요하게 될 것인지에 대해서는 확실하게 말하기가 어려운 점이 있다. 물리적 공간에서의 직접적인 만남과 접촉의 필요성은 있지만 그런 공간이 반드시 학교일 필요는 없다. 살만 칸이 TED 강연과 《나는 공짜로 공부한다 *The One*

World Schoolhouse》를 통해 소개했듯, 누구나 누릴 수 있는 세계적 수준의 무상 교육의 시대가 열리고 있다. 이제 온라인 교육은 새로운 미래 교육에 대해서 고민할 때 빼놓을 수 없는, 함께 고려해야 할 주제다.

11. 디자인적 사고로 교육을 혁신한 닥터 Z의 버티 카운티 실험

미래 학교와 관련한 마지막 이야기는 미국 노스캐롤라이나 주에서 가장 가난한 버티 카운티(Bertie County)의 교육 혁신에 대한 것이다. 이 내용은 디자이너 에밀리 필로톤(Emily Pilloton)의 2010년 TED 글로벌 강연을 통해 소개되었으며, 무너져 가는 공교육 시스템을 노련한 교육감과 열정적인 디자인 스튜디오의 노력으로 혁신한 이야기다.

버티 카운티는 제곱킬로미터당 열 명이 사는 인구 저밀도의 시골이며, 전 세계의 다른 시골 지역과 마찬가지로 이곳도 지식인이 마을을 떠나고, 농장 보조금에 의존하며, 살림살이가 빈곤하다. 주민의 60퍼센트가 흑인인데, 잘사는 백인들은 주로 사립학교를 가는 탓에 공립학교 학생의 86퍼센트가 흑인이라고 한다. 더 큰 문제는 공립학교의 교육이 제대로 이루어지지 않아 3년 전까지만 해도 영어와 수학 과목에서 주 정부 학력 기준을 통과하는 학생이 27퍼센트에 불과

할 정도로 공교육 체계도 붕괴되어 있었다는 것이다. 이렇게 교육이 황폐화되면 자연스럽게 가난은 대물림되고, 지역은 지속적으로 낙후되는 악순환의 고리를 돌 수밖에 없다.

이 지역 학교에 혁신의 바람이 분 것은 2007년이었다. '닥터 Z'라는 별명으로 유명한 칩 줄린저(Chip Zullinger) 박사가 교육감으로 초빙된 것이다. 닥터 Z는 1980년대 후반 미국에서 처음으로 차터스쿨(charter school, 공적자금을 받아 교사·부모·지역 단체 등이 설립한 학교)을 운영한 선구자기도 하다. 그는 버티 카운티에 부임해 프로젝트-H 디자인 팀을 초청하였다. 프로젝트-H는 에밀리 필로톤이 설립한 비영리 디자인 단체로 이들은 버티 카운티의 학교 구역 정비에 디자인적인 측면을 적용했다. 프로젝트-H 디자인팀은 여섯 가지 디자인 지침을 이용했는데, 그중에서 인도주의에 중점을 둔 디자인을 할 때는 고객을 위한 디자인이 아니라 사람들과 함께 디자인하고 그 안에서 적절한 솔루션이 나오도록 유도하는 원칙을 가장 중시하였다고 한다. 이들은 샌프란시스코와 버티 카운티를 오가면서 학교의 혁신을 색다른 방법으로 진행하였다.

디자이너인 에밀리 필로톤과 건축가인 매튜 밀러(Mathew Miller) 두 사람이 한 팀으로 작업을 진행하였다. 버티 카운티에는 전체 카운티를 통틀어 면허를 가진 건축가가 단 한 명도 없을 정도로 창조적 인력이 부족했기 때문에, 닥터 Z와 프로젝트-H팀은 교육에 디자인을 적용시키는 것과 교육을 지역사회 발전을 위한 훌륭한 수단으로 만들 수 있는지에 대해 고민하는 것을 교육의 목표로 정했다.

이들이 이용한 첫 번째 디자인 접근 방법은 '교육을 위한 디자인(design for education)'이었다. 제일 먼저 교사들과 학생들을 위한 건축을 했다. 기존에 사용되던 소재를 바꾸고 공간 활용이 뛰어나도록 작업했다. 가장 먼저 컴퓨터 실습실을 수리했는데, 비교평가가 이루어지고 지리한 반복과 주입만 하던 실습실 공간을 학생들이 쉽게 접근할 수 있는 사교적인 공간으로 바꾸는 작업을 진행하였다.

또한 교사들과 함께 학습 경관(learning landscape)이라고 부르는 학습 놀이터를 만들었는데, 초등학교 학생들이 주요 과목을 배울 때 게임과 활동, 뛰어다니기, 소리 지르기처럼 어린아이 특유의 행동을 하면서 학습할 수 있도록 이러한 공간을 야외에 만들었다. 또 이 팀은 재미있는 학습 게임을 같이 디자인했는데, 예를 들어 "맞춰 봐(Match Me)"라는 게임은 곱셈을 쉽게 배우도록 도와주었다. 한 반을 두 팀으로 나누고 각 팀을 운동장 양측에 위치시킨 후, 교사가 분필을 들고 학습 경관에 설치된 앉을 수 있는 각각의 타이어에 숫자를 적는다. 그런 다음 교사가 수학 문제를 내는데, 예를 들어 '4 곱하기 4'라고 하면 각 팀에서 한 명씩 나와서 '16'이라고 쓰인 타이어에 가서 먼저 앉으면 된다. 그래서 모든 팀 구성원이 타이어에 앉는 팀이 이기는 게임이다. 이 학습 놀이터의 효과는 매우 커서 버티 카운티의 여러 학교 학생들이 시험에서 높은 점수를 받았는데, 특히 남학생들에게 효과가 좋았다고 한다. 교육을 위한 디자인에서 가장 중요한 것은 교사들과 해결책을 같이 고민하고, 교사들이 이렇게 만들어진 것들을 사용하고자 하는 의지를 가지게 하는 것이다.

두 번째 접근 방법은 '교육을 새로 디자인하는 것(re-designing education)'이다. 이것은 어떻게 교육이 관리되고 무엇을 누구에게 제공하는지 시스템 단계에서 살펴보는 것이다. 이런 원칙에서 실제로 수행한 프로젝트는 "버티를 연결하자(Connect Bertie)"라는 시각적인 공공 캠페인이었다. 수천 개의 파란색 점들이 카운티 전체로 퍼져 나갔는데, 이것은 공립학교에 다니는 아이가 있는 모든 가정에 컴퓨터와 광대역 인터넷 연결을 설치해 주기 위한 기금을 모을 목적으로 제작된 것이었다. 사방에 붙은 이 파란색 점들은 사람을 즐겁게 하고 사람들의 호기심을 자극하는 것 외에도, 학교 시스템이 지역사회를 연결하는 촉매 역할을 할 수 있는 방안이 되기를 요구하는 것이었다. 이렇게 구입하게 된 첫 컴퓨터가 실제로 보급되었고, 방과 후에도 학습을 계속할 수 있게 교실과 집을 연결하는 전략도 세우고 있다.

세 번째 방법은 '교육으로서의 디자인(design as education)'이다. 교육으로서의 디자인은 실제로 학교에서 디자인을 가르치는 것으로, 디자인적 사고(design thinking)를 배우는 것이다. 실제로 존재하는 구조물과 조립 기술 등을 이용해서 지역사회에 도움을 주는 프로젝트도 진행한다. 여기에서 디자이너는 교사가 되어 다음 세대가 지역사회의 창조적인 인재가 될 수 있도록 돕는다. 디자인은 지루하고 경직되고 말로만 하는 교육에 대한 좋은 해결 방법이 된다. 활동적인 참여를 유도하며 아이들에게 실질적인 방법으로 핵심 과제를 학습시킨다. 이를 위해서 지난 수십 년 동안 소홀해진 기술 수업을 부활

시켰고 동시에 좀 더 지역사회가 필요로 할 만한 것들을 수업 프로젝트로 삼았다.

수업은 가을 학기부터 봄 학기까지 2학기에 걸쳐 진행되는데, 이 수업에 참여한 학생들은 학교의 스튜디오 겸 작업장에서 매일 세 시간을 보낸다. 그 시간 동안 밖으로 나가서 문화기술에 대한 조사를 하고, 필요한 것이 무엇인지 찾고 스튜디오로 돌아온다. 브레인스토밍을 하고, 적절한 콘셉트를 잡기 위해 시각디자인을 하고, 작업장으로 가서 실제로 테스트해 보고, 그것을 실제로 만들고, 잘 동작하는지 확인하고, 개선해 나간다.

여름방학 동안에 학생들은 해당 프로젝트와 관련하여 프로젝트 H의 직원으로 고용되어 실제 건축을 하며 지역사회를 위한 프로젝트에 참여한다. 어떤 학생들은 시내에 야외 농산물 직거래 장터를 만드는 프로젝트를, 어떤 학생들은 버스 시스템을 위한 버스 정류장을 만드는 프로젝트를, 또 다른 학생들은 노인을 위한 집수리 프로젝트를 진행한다. 스튜디오 H는 아이들이 사회에서 필요로 하는 것을 스스로 찾고, 해당 프로젝트를 진행하는 데 필요한 기술과 교육, 그리고 일할 수 있는 일터를 제공하는 역할을 한다.

버티 카운티의 스튜디오 H에서는 열세 명의 학생들과 두 명의 교사들이 이런 교육과 프로젝트를 동시에 진행하고 있지만, 이런 접근 방법은 다른 학교에서도 얼마든지 자발적으로 진행할 수 있다. 디자인은 우리가 흔히 아는 시각디자인이나 제품 등의 상업적 활동만 있는 것이 아니고, 전문가만 진행할 수 있는 것도 아니다. 디자인적으로 사고하고, 이것으로 학생들의 창의성을 키울 뿐더러 지역사회를 바라보는 시각을 키우고, 실제로 무엇인가를 만들어 내고 가치를 창출하도록 유도할 때 교육도 바뀌고 우리 사회도 바뀔 수 있을 것이다. 이것이 우리가 미래의 학교에서 기대할 수 있는 가장 커다란 변화의 포인트가 되지 않을까?

PART 05

미래를 위한 부모의 역할

혁신을 준비하는 7가지 실험

CHAPTER 1.

미래의 혁신을 준비하는 것이 교육의 목적이다

하버드대학의 교육 전문가인 토니 와그너(Tony Wagner)는 《이노베이터의 탄생 Creating Innovators》이라는 저서에서 미국의 초·중·고등학교 교육과 대학이 시장에서 정말로 필요로 하는 기술과 능력을 배양하고 가르치는 데 실패하고 있다고 지적하였다.

이와 관련하여 세계적인 칼럼니스트인 토머스 프리드먼(Thomas Friedman)은 이제는 고연봉에 높은 기술과 지식을 요구하는 소수의 일자리가 있을 뿐, 과거의 비교적 좋은 대우에 중간 정도의 기술이 필요한 다수의 직업들이 사라지고 있다는 점을 지적하면서, 전문적인 교육을 받고 어떤 특정한 일을 할 수 있도록 교육하기보다는, 좀 더 창조적이고 자신의 길을 찾아갈 수 있는 새로운 교육 철학이 필요하다는 내용의 칼럼을 〈뉴욕타임즈〉에 게재하였다.

토니 와그너는 아이들에게 입시 교육을 시키는 것이 아니라, '혁신에 대한 준비'를 시켜야 한다고 주장한다. 자신들이 하고자 하는 일이 무엇이든 그것에 가치를 부가할 수 있도록 훈련시키라는 것이다. 이것은 분명 매우 혁신적인 주장이다. 과거에 비해 이런 방향으로 나아갈 수 있는 여건은 확실히 좋아졌다. 이제는 인터넷에 연결된 여러 디바이스를 통해 언제 어디서나 다양한 지식을 얻을 수 있다. 무엇을 얼마나 아는지보다 중요한 것은 아는 것을 실행하는 '실행력'이다.

실행력은 문제를 창의적으로 풀어내는 능력과 새로운 가능성을 찾아보는 것에서 시작되는데 이것이 바로 혁신할 수 있는 능력이다. 이를 위해 필요한 기술은 비판적 사고와 커뮤니케이션, 그리고 협업이다. 이러한 요소들은 모두 현실의 교육이 중시하는 학술적인 지식과는 거리가 멀다. 개인의 지식을 테스트하는 교육, 사회보다 개인의 필요가 우선이라는 이기적인 현실 교육과는 정반대라고 해도 과언이 아니다.

그러나 세상은 바뀌고 있다. 최근 기업에서 요구하는 인재상도 이와 같이 변하고 있다. 모르는 것은 가르치면 된다. 게다가 지식은 계속 변할 뿐만 아니라 늘어나기 때문에 그때그때 적응하는 것이 중요하다. 그렇지만 문제를 찾아내는 능력과 찾아낸 문제를 해결하기 위해 실행에 옮기는 태도는 오랜 교육과 경험을 통해 숙달되지 않으면 쉽게 얻을 수 없다. 미래를 대비할 인재에게 가르쳐야 하는 것은 바로 이런 부분이지, 알량한 지식 덩어리가 아니다. 기성세대는 지식을 확보하면 적당히 괜찮은 직업을 얻을 수 있었고, 대부분의 대학과 고등교육도 여기에 초점을 맞춰 왔다. 이제는 시대가 바뀌고 있다. 일자리를 찾아서 얻는 것이 아니라, 자신들이 필요한 일자리를 만들어 내야 한다. 다행인 것은 무척이나 어려워 보이는 이런 미션이 과거보다 훨씬 수행하기 쉬워졌다는 점이다.

기회가 잘 맞아서 자신이 가진 지식이나 기술과 적합한 일자리를 '찾아서' 얻게 된 경우라도 현재와 같은 변화의 시대에 제자리에 안주하다가는 그 직업을 오래 유지하고 좋은 대우를 받기 힘들다. 자신의 직업을 재창조하고, 변화시키려는 노력을 하지 않는다면, 사회에서의 가치가 떨어지고 심하면 직업을 잃게 될 것이다. 그런 측면에서 안정된 직업이라고 생각하는 의사나 공무원, 그리고 대기업 직원이라도 이제는 그리 안심할 수 없다. 결국 혁신할 수 있는 능력을 갖추지 못하고 변화에 적응하지 못하는 사람은 곧 어려움에 직면하게 될 것이다.

기초적인 지식이 필요 없다는 것은 절대 아니다. 언어적인 능력과 수리력 등의 기초 지식 없이 할 수 있는 것은 아무것도 없다. 그렇지만 오늘날 우리나라의 초·중·고등학교와 대학교에서 가르치는 끝없는 반복 학습과 점수를 위한 과도한 암기, 기계적으로 문제 풀이를 반복해 훈련시키는 교육은 그 정도를 지나쳐도 한참 지나쳤다. 토니 와그너는 기초 지식과 함께 동기(motivation)와 기술(skills)의 중요성을 강조한다. 무엇보다 동기가 가장 중요한데, 동기는 바로 열정의 근원이 된다. 나이가 어릴수록 동기부여가 잘된다. 특히 호기심이 많고, 위험을 감수하려는 특징이 있으며, 새로운 지식을 습득하고 기술을 끊임없이 익혀 나갈 수 있다. 이런 능력이 유지되고 발휘된다면 자신들만의 기회를 스스로 만들어 낼 수 있다.

이제 학교는 생동감이 떨어지는 일방적인 지식 전달보다 아이들이 가지고 있어야 하는 가장 강력한 무기인 '동기'를 찾는 방향으로 근본적인 변화를 해 나가야 한다. 산업시대가 창조한 공장형 학교 교육은 그 효용성을 점점 잃고 있다. 이제는 교육에 대한 근본적인 성찰이 필요하다.

1. 공장형 학교 교육에 대한 반발
"학교가 창의력을 죽인다"

공장형 학교 교육에서 창의력을 중심으로 하는 새로운 교육으로의 전환을 주장한 사람 중 가장 유명한 사람은 역대 TED 강연 중에서 아직도 최고의 조회수를 자랑하는 켄 로빈슨을 들 수 있다. 그는 "학교가 창의력을 죽인다"라는 2006년 TED 강연을 통해 창의력과 관련한 다양한 사례를 소개하였고, 이 강연의 내용을 바탕으로 쓴 책이《엘리먼트》다.

켄 로빈슨의 TED 강연
"학교가 창의력을 죽인다"

아이들은 무한한 재능을 가지고 있다. 자기의 재능을 찾아내 거기에 남다른 노력을 더한 사람은 누구나 대단한 성취를 이룰 수 있다. 그런데 현재의 교육 시스템은 이런 재능을 가차 없이 억누르는 경우가 많다. 켄 로빈슨의 강의에서 예를 든 학교에서의 일화는 이런 사례를 잘 보여 주는데, 우리 주변에서 너무나 쉽게 볼 수 있는 광경이다. 학교는 물론 일반 가정에서도 이런 경우를 심심치 않게 관찰할 수 있다.

그림 수업에 어느 한 여자아이가 있었어요. 여섯 살이었고 교실 뒤에서 그림을 그리고 있었는데, 선생님 말로는 다른 수업에서는 거의 집중을 안 하는 애인데 그리기 수업에서는 유독 집중했다고 해요. 선생님은 신기해서 아이한테 "너 무엇을 그리니?"라고 물어봤더니, "신을 그리고 있어요"라고 하더래요. 선생님이 "신이 어떻게 생겼는지 아무도 모르잖아?"라고 하니까 어린이는 이렇게 대답했어요. "곧 알게 될 거예요!"

우리는 자신도 모르게 어떤 시스템과 프레임을 정해 놓고, 거기에 맞추지 않으면 안 된다고 생각하는 경우가 많다. 사실 이런 생각이 강하면 모르는 것은 시도하지 않게 된다. 그런데 아이들은 이런 실수에 대한 두려움 없이 쉽게 도전한다. 잘못하거나 실수해도 괜찮다는 마음이 없다면, 신선하고 독창적인 것을 만들어 낼 수는 없다. 묘하게도 성인이 될 때쯤이면 그러한 역량의 상당 부분을 잃어버리고 만다. 실수를 할까 봐, 틀릴까 봐 걱정하면서 살게 된다. 우리 교육은 실수하지 않도록 강요하는 시스템을 가지고 있고, 틀을 벗어난 것은 모두 틀리다고 배워 왔다. 사람들의 창의적인 역량을 말살시키는 상황이 비일비재한 것이다.

교과목을 살펴보아도 이런 경향은 명확하다. 그런데 이는 우리나라만의 문제는 아닌 듯하다. 전 세계의 교육 과목은 큰 틀에서 거의 비슷하다. 맨 위에는 수학과 국어, 외국어 등이 있고 그 아래는 인문학과 과학, 마지막으로 예술이 들어간다. 예술 과목 사이에도 계층이 존재하는 경우가 많아서, 보통 미술과 음악은 드라마나 춤보다 더 비중을 둔다. 켄 로빈슨은 어린이들에게 수학을 가르치듯이 매일 춤을 가르쳐 주는 교육제도는 어디에서도 찾아볼 수 없다고 이야기하면서 교육의 과도한 쏠림 현상에 대한 문제점을 지적한다.

이러한 과목 구성에는 몇 가지 특징이 있다. 첫째는 직장을 구하기 위해 가장 필요하다고 생각했던 과목들이 우위에 있다. 예를 들어 음악이나 미술 같은 과목에 집중해 공부하겠다고 하면, 그런 것 배워 예술가가 되면 어떻게 먹고살려고 하느냐는 말을 듣기 딱 좋다. 그런데 이제는 공감이나 놀이와 같은 하이터치 능력이 뛰어난 사람에게 유리한 미래가 오기 때문에, 그런 걱정은 쓸모없는 것이라고도 할 수 있다. 어쩌면 과거에는 걱정하지 않았던, 학습 능력 위주의 공부만 한 아이들이 불리할지도 모른다.

둘째로 대학의 시스템을 본떠 교육제도를 설계했기 때문에 지성은 곧 '학습 능력'이라는 생각이 우리를 지배하게 되었다. 결국 모든 교육제도가 대학 입시를 위한 절차로 전락해 버린 것이 가장 큰 문제다. 결과적으로 훌륭한 재능과 창의력을 가진 사람들은 자신의 가치가 그리 높지 않다고 착각하게 만든다. 학교를 다니면서 재능을 보였던 부분에 별다른 가치가 주어지지 않았거나, 심지어는 비난을 받고 이를 억누르라고 교육을 받았기 때문이다.

이와 관련하여 켄 로빈슨은 교육을 통해서 익히게 되는 지성에 대한 세 가지 시각을 제시한다. 첫째, 지성은 다양하다. 우리는 각자의 경험을 바탕으로 세계관을 가지게 된다. 둘째, 지성은 역동적이다. 우리의 뇌는 작은 구역들로 구획되어 있지 않다. 창의력이란 결국 가치를 끌어낼 수 있는 독창적인 아이디어를 생각해 내는 프로세스라고 할 수 있는데, 이는 서로 다르게 발달된 관점들의 상호작용에서 나타나게 된다. 셋째로 지성은 독특하다. 켄 로빈슨은 세기의 뮤지컬인 "캣츠"와 "오페라의 유령"의 안무를 담당한 질리안 린(Gillian Lynne)의 예를 들어 이런 지성의 특징을 설명하고 있는데, 그 이야기가 상당히 많은 것을 시사하기 때문에 그의 강연 내용을 그대로 옮겨 본다.

어느 날 질리안과 점심을 같이 먹으면서 "어떻게 해서 댄서가 되셨어요?"라고 물어봤어요. 그랬더니 흥미롭게도, 학창 시절 성적 때문이라고 했습니다. 각 과목 점수가 엉망이었다고 해요. 1930년대 였는데, 어느 날 그녀의 어머니는 학교로부터 '질리안은 학습장애가 있는 것 같다'는 내용의 편지를 받았다고 합니다. 집중을 못하고 안 절부절못한다는 것인데, 오늘날이라면 ADHD(주의력결핍과잉행동장애)로 진단받았을 겁니다.

그래서 의사를 찾아갔는데, 통나무 판자로 된 방에 들어가 의사와 어머니가 학교 문제에 대해 얘기를 나누는 20분 동안 그녀는 방 한쪽 구석에서 손을 깔고 앉아 있어야 했어요. 그녀의 '문제'라는 것은 숙제를 늦게 내고 다른 사람들을 귀찮게 하는, 그런 것들이었습니다. 대화가 끝나자, 의사가 질리안 옆에 다가가 "잠깐 어머님과 따로 얘기를 나누어야 될 것 같아. 어머니와 둘만 나갈 테니 너는 여기서 기다려 줘"라고 하고 방을 나갔어요. 그런데 방을 나가면서 의사는 책상 위에 있던 라디오를 켜고 나갔습니다. 방에서 나온 의사는 어머니에게 "잠깐 여기서 따님을 관찰해 보세요"라고 했어요. 의사와 어머니가 방을 나오는 순간 질리안은 일어나 음악에 따라 마음대로 몸을 움직이고 있었어요. 몇 분 관찰하던 의사는 어머니에게 이렇게 말했다고 합니다. "어머님, 질리안은 문제아가 아니라 댄서입니다. 댄스 학교로 보내 주세요."

그 후에 어떻게 되었냐고 물었더니 그녀는 이렇게 답했어요. "결국 보내 주셨어요. 얼마나 환상적이었는지 표현할 수가 없어요. 저 같은 사람들이 있는 교실에 들어갔는데, 저처럼 가만히 앉아 있을 수 없는 사람들, 생각을 하기 위해 몸을 움직여야 되는 사람들로 꽉

차 있었죠." 몸을 움직여야 생각하는 사람들. 발레, 탭댄스, 재즈 댄스, 모던 댄스 등 현대적 댄스를 하는 사람들이었죠. 그녀는 로열발레학교에 오디션을 보게 되었고, 합격 후 솔로 댄서로서 훌륭한 커리어를 쌓게 되었습니다. 나중에 로열발레학교를 졸업한 후 그녀는 '질리안 린 댄스컴퍼니'라는 회사를 세우고, (뮤지컬 작곡가인) 앤드류 로이드 웨버를 만나게 된 것입니다. 그 후로 그녀는 역사상 최고의 뮤지컬들을 책임지게 되었고, 수백만 명에게 즐거움을 주었고, 백만장자가 되었습니다. 만일 그때 그 의사가 아닌 다른 사람을 만났다면 어땠을까요. 아마 약을 처방하고 진정하라고 꾸짖기나 했겠죠.

유네스코에 의하면, 역대 대학 졸업생의 숫자보다 앞으로 30년 동안의 졸업생 숫자가 더 많을 것이라고 한다. 요즘 학위의 가치는 옛날과 동일하지 않다. 20년 전만 하더라도 박사학위는 사회에서 견고한 자리를 차지하는 보증수표와도 같았지만, 10년 전부터는 유리함은 있을지 몰라도 더 이상 보증수표는 아니다. 앞으로는 도리어 안 하느니만 못한 경우도 많아질 것이다. 이른바 투자 대비 효용성이 급격히 감소하게 되는 것이다. 이런 전체적인 변화는 학위를 바라보는 관점도 바꾸어 놓고 있다. 이는 결국 교육제도의 전체적인 구조 변화를 유도하게 될 것이다.

우리의 교육제도가 아이러니하게도 우리의 미래를 잘못된 방향으로 유도하고 있다. 아이들을 가르치는 기본 원칙을 다시 생각해야 한다. 중요한 것은 인간의 상상력이라는 재능이며, 이 재능을 현명하게 사용하도록 노력해야 한다. 이를 위해서는 창의적인 능력을 발굴하고, 그 풍부함을 깨닫고, 아이들에게 희망을 줄 수 있어야 한다. 이것은 결국 어떻게 동기(motivation)를 부여할 것인가에 대한 문제다.

토니 와그너는 아이들의 동기를 끌어내기 위한 중요한 세 가지 원칙을 '3P' 즉, 놀이(play), 열정(passion), 그리고 목적(purpose)으로 표현했다. 선생님들은 학생들이 잘하는 것을 발견하고, 그것을 더욱 잘할 수 있도록 도와주는 역할을 해야 하며, 학교의 시스템은 혁신을 쉽게 할 수 있는 협업 문화(collaboration culture)를 만들어 내야 한다. 또한 단순히 지식을 테스트하기 위해 서로를 경쟁자로 두고 시험을 보기보다는, 어떤 문제를 같이 풀어내기 위해 협업하는 지혜를 가르치고 문제를 해결한 뒤의 성취감을 느끼도록 하는 것이 훨씬 좋은 교육 시스템이다. 또한 학생들은 자신들이 일구어 낸 성취와 배운 기술을 남들에게 보여 주고 다양한 방식으로 기록을 남겨 두는 것이 좋다.

블로그나 SNS 등은 그런 활동을 쉽게 할 수 있는 훌륭한 인프라다. 이것들은 향후에 개인의 디지털 포트폴리오 역할을 하면서, 자신들이 필요로 하는 일자리를 만들어 주는 데 커다란 도움이 될 것이다. 또한 이런 능력을 갖춘 학생들이 자신들의 능력을 뽐낼 수 있는 공정하면서도 사회에 도움이 될 수 있는 대회나 경연, 공모전 등의 기회도 많아진다면 이런 변화를 가속화하는 데 일조할 수 있을 것이다. 단순히 상을 주기 위한 기회가 아니라, 우리가 골치 아파하지만 지나치게 복잡하지는 않은 실행력과 혁신이 필요한 작은 문제들을 발굴하고, 이를 해결할 수 있는 기회의 장을 마련하며, 이런 시도를 할 수 있는 사회적인 인프라와 분위기를 조성하는 것이 중요하다.

TED 2012 글로벌에서는 이 책의 파트 3에서 언급한, 초등학교 아이들과의 공동 연구로 과학저널에 논문을 발표한 보 로토 박사와 학생 대표인 에이미 오툴(Amy O'Toole)이 나와 그 놀라운 경험을 많은 사람과 공유했다. 이 강연에서 에이미 오툴은 다음과 같이 이야기하였다.

"이 프로젝트는 저를 정말로 흥분시켰어요. 왜냐하면 그건 제 삶에 발견의 과정을 가져다주었기 때문이에요. 그리고 누구나, 어느 누구나 뭔가 새로운 것을 발견할 수 있다는 사실을 보여 주었어요. 그 작은 질문이 커다란 발견으로 이어질 수 있다는 사실을 알게 된 것이죠. 한 사람이 무엇인가를 생각하는 방법을 바꾸는 것은 쉬울 수도, 어려울 수도 있어요. 그건 전부 그 사람이 변화에 대해 생각하는 방식에 따라 달라집니다. 제가 과학에 대한 생각을 바꾼 것은 굉장히 쉬웠어요. 우리는 게임을 하면서 퍼즐에 대해 생각하기 시작했죠. 그 다음에는 과학이 지루한 과목이 아니라는 것을 알게 됐습니다. 그리고 어느 누구나 새로운 것을 발견할 수 있다는 것도요. 단지 기회가 필요할 따름이에요."

2. 아이들이 스스로
   자신의 이야기를 하게 내버려 두라

세계적인 동화작가이자 일러스트레이터인 자렛 크로소작(Jarrett Krosoczka)은 자신이 예술가로 성장하게 된 이야기를 2012년에 있었던 햄프셔대학의 TEDx 이벤트를 통해 풀어냈는데, 부모로서 많은 것을 느끼게 한 강의였다. 어쩌면 그의 이야기에서 우리 아이들의 교육에 대해 가장 중요한 부분을 찾아낸 사람들도 많을 듯하다.

그는 자신의 천직을 '상상력'이라고 표현하며, '상상력'이 자신의 인생을 구했다고 말한다. 그의 유년 시절은 우리의 일상적인 통념으로는 매우 불운했다고 할 수 있다. 그의 어머니는 마약 중독으로 언제나 감금되어 있었고, 아버지와는 연락조차 되지 않았다. 그러나 그에게는 다행히도 사랑을 듬뿍 전해 주는 외할아버지, 외할머니가 있었다. 그분들은 다섯 명의 자식이 있음에도 그를 입양해 길러 주었는데, 특이한 것은 여섯 살 무렵부터 얼음과 과일이 곁들여진 칵테일을 주문해서 마실 수 있도록 허락하고, 그의 창의적인 노력을 언제나 지지해 주었다는 점이다.

자렛 크로소작의 인생에 있어 중대한 전환점은 초등학교 3학년 때 있었다. 아동문학 작가인 잭 간토스(Jack Gantos)가 한 초등학교를 방문하여 아이들에게 작가라는 직업을 소개하고, 아울러 자신의 대표 작품 속 주인공을 그리는 시간을 가졌다. 잭 간토스가 아이들이 그린 그림을 둘러보다가 크로소작의 책상 앞에 멈춰 들여다보더니 책상을 두드리며 이렇게 말했다. "고양이 잘 그리네." 어쩌면 사소해 보이는 이 한마디가 자렛 크로소작에게 작가라는 직업과 그림에 대한 열정에 불을 지폈고, 그해 그는 《가장 잘 날 수 있다고 생각한 올빼미 The Owl Who Thought He Was The Best Flyer》라는 책을 썼다. 그는 이 책의 표지도 만들었고, 이를 계기로 하여 지속적으로 노력하면서 결국 작가라는 직업을 평생 동안 가지게 되었다.

그의 이야기를 듣다 보면 여러 가지 귀 기울일 만한 이야기들이 있다. 특히 '단어와 그림이 스스로 자신의 이야기를 하도록 내버려 두라'는 것이 어쩌면 창의력을 기르는 핵심이 아닌가 싶다. 사실 글을 쓰고 그림을 그리는 것은 바로 우리의 상상을 종이와 같은 백지에 펼치는 행위다. 남에게 평가받기 위한 것이 아니다. 머릿속에 떠오르는 것을 그냥 끼적이고, 그것을 자주 하다 보면 자연스럽게 창작의 능력이 생긴다.

상상력이 풍부한 영화감독인 팀 버튼도 눈에 띄는 냅킨이나 연습장 등에 끊임없이 무언가를 스케치하고 그림을 그린다고 한다. 이들의 공통점은 어떤 것이 되기 위해 정규교육을 받아서 무엇을 한 것이 아니라는 점이다. 그저 글 쓰고 그림 그리는 것이 좋았고, 이를 꾸준히 하였다. 여기에는 어떠한 규칙도 존재하지 않는다.

자렛 크로소작의 경우 학교에 갔다가 집에 돌아오면 몇 장의 종이를 꺼내 스테이플러로 찍어 연습장을 만들고, 상상 속에 등장한 단어와 그림으로 페이지들을 채웠다고 한다. 어떤 멋진 그림이나 문장, 이야기를 바로 쓰기 시작한 것이 아니다. 이렇게 낙서처럼 채운 그림에서 캐릭터가 탄생하였다. 그는 자신이 그린 달걀, 토마토, 호박 등의 캐릭터와 친구가 되었는데, 이들은 모두 냉장고라는 도시에 살고 있었고, 이 친구들을 갈아 버리고 잘라 버릴 악당 같은 믹서, 빵 친구를 납치해서 구워 버릴 나쁜 토스터기, 그리고 버터 친구들을 녹여 버릴 전자레인지가 있는 무시무시한 집에서 모험하는 이야기가 탄생하였다.

이런 재능은 그의 가능성을 알아본 외할아버지에 의해 더욱 빛나게 된다. 그의 외할아버지는 어느 날 밤 침대 머리맡에서 "자렛, 네가 원한다면 지역 예술박물관의 예술 수업에 보내주도록 하겠다"라고 약속했다. 예술과 관련한 공부와 활동을 좋아했던 그는 당연히 열심히 수업에 참석하게 되었다. 이렇게 해서 초등학교 6학년부터 고등학교 때까지 일주일에 적어도 한 번, 많게는 세 번씩 박물관 예술 수업을 들으면서 비슷한 열정을 가지고 그림 그리기를 좋아하는 다른 아이들을 만날 수 있었다고 한다.

고등학교 수업 시간에도 예술 수업이 가장 큰 즐거움이었는데, 특히 학교 선생님들의 캐릭터를 잡아서 그린 그림이 아이들에게 폭발적인 인기를 끌었다. 하루는 한 선생님의 우스꽝스러운 캐릭터를 보고 친구가 폭소를 터뜨렸는데, 해당 선생님이 이를 발견하는 사건이 발생했다. 그런데 그의 그림을 찬찬히 보던 선생님은 야단을 치는 대신 재능이 있다며 학교 신문사에서 새로운 만화가를 구한다는 정보를 알려 주었다. 이를 계기로 그는 학교 신문사에서 3년 반 동안 만화가로 일하는 기회를 얻었다.

그에게 중요한 교훈을 알려 준 미술박물관 선생님의 이야기도 인상적이다. 자렛 크로소작은 만화를 계속 그리면서, 조금 더 정교하고 세밀한 그림을 그리기 위해 엑스맨이나 스파이더맨과 같은 인물들의 근육 등을 그리는 팁과 만화를 잘 그리는 방법에 대한 책을 골라서 열심히 공부하기 시작했다. 그런데 그런 그에게 선생님은 이러한 가르침을 남겼다.

"네가 배운 것은 모두 잊어버려라. 너는 좋은 스타일을 가지고 있어. 너의 기술을 잘 활용해야지, 남에게서 배운 대로 그리지 마라. 너의 방법으로 그림을 그리고 그 방법을 지켜 내라. 너는 충분히 잘할 수 있어."

그런 그에게도 시련은 있었다. 자신의 재능을 바탕으로 로드아일랜드 디자인스쿨에 들어가 공부를 마친 그는 작가로서의 길을 가기 위해 여러 가지 책과 수백 장의 엽서 등을 만들어서 여러 출판사의 편집장과 디자이너 등에게 보냈지만 매번 거절당했다. 그러나 그는 포기하지 않고 난치병을 앓고 있는 아이들을 위한 자선운동 캠프에 참여해서 캠프의 아이들에게 자신의 책을 읽어 주고, 아이들이 그 책을 좋아하고 읽는 것을 보면서 자신감을 얻게 되었다. 외할아버지는 대학을 졸업한 손자가 직업을 구했는지 전화로 자주 물었는데, 그의 대답이 걸작이다.

"할아버지, 저는 아동 책을 출판하고 있어요."
"그 책을 누가 사니?"
"아직은 아무도 안 사네요. 하지만 언젠가 팔릴 겁니다."

꾸준히 책을 만들고 엽서 등을 그려 계속해서 출판사에 보냈는데, 그의 이런 끈질긴 노력은 결국 보상받게 된다. 세계적인 출판사인 랜덤하우스에서 그의 작업들을 꼼꼼히 검토해서 결국 출판하기로 계약한 것이다.

그의 첫 작품은 2001년 6월 12일에 출간된《잘 자, 몽키보이 *Good Night, Monkey Boy*》였는데, 자신이 참여했던 자원봉사 프로그램에서 만났던 한 아이에게서 영감을 얻어서 만든 작품이었다. 이 책은 매진이 되고, 그는 단숨에 베스트셀러 작가가 되었다. 이후 많은 아동용 동화책과 그림 소설로 세계적인 작가의 반열에 오른 그의 이야기에서 최고의 예술가가 탄생하기까지 어떤 과정이 필요했는지 잘 알 수 있다.

자렛 크로소작의 TED 강연
"어떻게 한 소년이 예술가가 되었을까?"

그가 어린 시절 자신이 하고 싶은 일을 발견하고, 무엇인가 그 일에 매진하도록 만든 계기는 누군가의 한마디였다. 그리고 재능을 발견하고 키울 수 있도록 관찰하고 연결해 준 외할아버지, 고등학교 선생님, 그의 창작 능력을 알아보고 올바른 길로 인도해 준 미술박물관의 선생님, 그리고 많은 노력과 작품을 보냈음에도 기회를 얻지 못하는 것을 한탄하지 않고 꾸준히 경험을 더해서 도전한 인내와 긍정적인 마인드가 모두 하나로 합쳐져서 멋진 예술가로 성장한 것이다.

우리 모두가 '어떻게 가르칠 것인가?'에 대해 고민하는 지금, 답은 생각보다 명확하다. 이제는 교육자로서 많은 이야기를 하고, 나의 이야기를 귀담아듣고 롤모델로 생각하여 나의 이야기를 실천하는 젊은 친구들을 간혹 만난다. 그냥 이야기만 듣는 것과는 달리 실제로 실행하는 친구들에게는 뭔가 다른 기운이 느껴진다. 이들이 성장할 수 있도록 물을 주고, 자신들이 만들어 낸 가치가 빛날 수 있도록 도와주는 많은 사람이 그들에게 필요하며, 이들이 포기하지 않고 긍정적인 마음을 가지고 정진할 수 있도록 도와주는 사회적 분위기가 만들어져야 한다.

또 한 가지 중요한 점은 자신이 사랑하고 잘하는 것을 발견한 뒤에 사회와 소통하면서 꾸준히 나아갈 수 있도록 하는 심성과 태도다. 아무리 뛰어난 자질을 가지고 있고 열심히 그 일에 매진해도, 실제로 목표로 하는 것에 도전하는 실행력이 없거나, 생각하는 만큼 성과가 나오지 않는다고 중도에 쉽게 포기해서는 성취하기 힘들다. 어려서부터 길러 줘야 하는 것은 바로 이런 점들이다.

아울러 언제나 용기를 얻을 수 있도록 지지하는 사람들이 필요하다. 부모와 교사의 역할은 단순한 지식 전달이 아니다. 아이가 긍정적인 마인드로 자신이 원하는 것을 향해 정진해 나가고, 언제나 주변과 소통하고 도움을 요청할 수 있는 커뮤니케이션 능력을 심어 주는 것이 아이로 하여금 불확실한 미래를 개척하고 행복한 삶을 이끌어 나갈 수 있도록 해 준다.

CHAPTER 2.

부모와 친구,
많은 사람이 참여하는
즐거운 교육

미래 교육을 이야기할 때 교육자가 학생들에게 일방적으로 정보를 전달하는 방식은 점점 쇠퇴하고 다 같이 참여하는 쌍방향 교육이 많아질 것이라고 흔히 이야기한다. 디지털 네이티브 세대에게는 정보를 받고 그에 대한 자신의 의견을 표현할 수 있는 환경이 구축되어 있기 때문에, 이에 맞춰 교육의 방식도 단순 전달형이 아닌 소통형으로 바뀌어야 하는 것이다.

이것은 비단 인터넷망을 기반으로 한 '주고받고'식 교육의 이야기가 아니다. 교육 도구의 확장은 물론 정보를 전달하는 방법, 나누는 기술 등 모든 교육 활동에 교사뿐 아니라 학생이 적극적으로 참여하고, 더 나아가 부모나 전문가 등이 참여하여 보다 확장된 교육을 이루는 것이 필요하다. 무엇보다 이러한 과정이 '해야 한다'는 강박이 아니라 '하고 싶다'는 호기심에서 비롯되어야 한다. 호기심으로 시작하는 미래 교육은 그만큼 즐거운 교육이 될 수 있지 않을까?

3. 교실에서 현장 체험을 하는 '런츠'

최근 각광받고 있는 것 중의 하나가 가상 현장학습(Virtual Field Trips, VFTs)이다. 인터넷을 통해 정보를 알아보고, 잘 조직화된 다양한 웹 페이지 등을 돌아다니면서, 교실에서 교육자와 학생들이 마치 함께 여행하는 듯한 효과를 보는 것이다.

가상 현장학습의 시초는 1995년 시작한 뉴질랜드의 런츠(LEARNZ)를 꼽는다. 그렇지만 실제로 인기를 끌기 시작한 것은 2000년 전후로, 적절한 주제를 선정하고 학생들의 요구에 맞추어 다양한 형태의 패키지가 등장하면서부터다. 국내에서도 최근 이와 유사한 프로그램들이 활성화되고 있지만, 미국이나 영어 기반의 프로그램에 비해서는 아직 양과 질 모두의 측면에서 좀 더 분발할 필요가 있지 않나 싶다.

가상 현장학습은 단순한 형태부터 좀 더 복잡한 형태까지 있지만, 최근에는 교육자가 교실에서 학생들과 함께 실시간으로 웹을 돌아다니며 학습의 목표를 달성할 수 있도록 하는 프로그램들이 인기를 끌고 있다. 특히 미리 조율을 거쳐서 전문가들을 인터넷을 통해서 만나 인터뷰나 채팅할 수 있는 기회를 주면 체험학습 효과가 좀 더 커질 수 있다. 예를 들어 런츠의 가상 현장학습 프로그램 중에는 학생들이 실제 남극에 있는 과학자, 풍력발전 터빈 위에서 일하고 있는 기술자 등에게 직접 질문을 던지고, 이에 대한 답변을 받는 프로그램도 있다. 그렇기 때문에 최근에는 비디오 컨퍼런싱이나 오디오 컨퍼런싱 기술을 포함하는 것이 대세로 자라잡고 있다.

여러 사례가 있겠지만, 가장 좋은 벤치마킹 사례는 누가 뭐래도 1995년 시작한 남극 체험과 관련한 런츠 프로그램이다. 이 프로그램은 세계 최고의 가상 현장 체험 프로그램으로 유명해졌으며, 이후 다양한 탐험 체험 프로그램을 개발하면서 런츠가 가상 현장 체험 교육의 메카로 자리를 공고히 하게 만들었다.

이 프로그램은 이제 전 세계로 연결되어 뉴질랜드만이 아닌 세계적인 학습 도구가 되었다. 남극 프로그램의 경우 네 명의 뉴질랜드 교육자에 의해 가상 체험학습을 받은 학생들이 전 세계에 수천 명에 이른다. 여러 가지 체험과 얼음과 관련한 과학, 펭귄의 생태, 오존층과 관련한 연구, 해양의 먹이사슬 등과 같은 살아 있는 지식을 다양한 형태로 체험하고 배울 수 있는 교육 프로그램은 우리나라에서도 충실하게 벤치마킹해서 좋은 프로그램으로 만들 수 있지 않을까?

4. 많은 사람의 지혜를 모으는 '위키 프로젝트'

여러 사람이 참여하여 지혜를 조금씩 모아 백과사전을 만들자는 위키피디아(Wikipedia)의 철학은 대성공했다. 이를 이어받아 다양한 프로젝트가 진행 중이다. 위키라는 도구를 활용한 새로운 교과서를 만들자는 위키북스(Wikibooks)는 2003년 7월 10일 시작된 프로젝트다. 위키피디아에 참여하던 칼 윅(Karl Wick)이 호스트로 나서서 공짜 교과서를 제공하겠다고 시작한 이 프로젝트는 유기화학과 물리학을 시작으로 그 영역을 다양하게 넓혀 나가기 시작했다. 이후 대학 교재를 대상으로 하는 위키버시티(Wikiversity)가 2006년 8월 독립적인 위키미디어(Wikimedia) 재단의 프로젝트가 되었다.

위키주니어(Wikijunior)는 아이들을 대상으로 하는 프로젝트다. 현재 영어, 덴마크어, 핀란드어, 프랑스어, 독일어, 이탈리아어, 일본어, 스페인어로 서비스되고 있으며, 벡 재단(Beck Foundation)에서 지원받고 있다. 위키북스 프로젝트는 많은 주제를 대상으로 다양한 책을 제공하는데, 2013년 4월 현재 2,670권의 책과 4만 6,245페이지가 작성되었다. 아쉽게도 한국어 위키북스는 별로 활성화되어 있지 않다.

위키는 다양한 형태로 이용 가능한 도구다. 실제로 다음과 같은 영역에 활용할 수 있다.

－학습/독서 가이드

학생들이 학습 및 독서 가이드를 직접 작성하고 친구들과 나눌 수 있으며, 중요한 부분 등을 요약하고 나누는 형태의 새로운 협업 학습 도구다.

－문제 풀기 콘테스트

풀기 어려운 문제나 호기심 등에 대해서 적극적으로 문제를 올리고 이에 대한 해답을 협업을 통해서 풀거나 나누는 용도로 위키를 활용한다.

－교실 백과사전

교실에 있는 학생들의 공통된 관심사를 주제로 잡고, 모두가 참여하여 그 교실만의 백과사전을 만들어 본다.

외국에서는 위키를 수업 도구로 활용하는 경우가 많다. 교실의 메인 컴퓨터에서 위키를 통해 가상 교실을 만든다. 학생들은 누구나 컴퓨터를 통해 위키에 접속하여 작업할 수 있다. 학생들이 직접 콘텐츠를 제작하고, 링크를 다는 등의 활동을 하다 보면 1년간의 학습을 통해 그 교실만의 위키가 생명력을 가지게 된다. 학생들과 선생님들의 역사와 기록이 남고, 동시에 공부한 것들을 뒤돌아볼 수도 있다. 좀 더 구체적으로 다음과 같은 다섯 가지 카테고리로 콘텐츠를 정리한다.

－수업 요약

수업이 끝나면 학생들이 수업 내용을 요약하여 올린다. 일단 수업에 대한 기본 정보가 있고, 이를 바탕으로 부족한 내용은 다른 학생들이 추가 및 수정하면서 훌륭한 요약문이 작성된다.

─협업 노트

일부 대학에서 학생들이 훌륭하게 활용하는 것이 협업 노트다. 공부하면서 수업 내용과 별도로 여러 참고 자료와 그림 등을 공유한다. 서로 노트를 같이 작성하고 자료를 링크해 효과적으로 공부할 수 있도록 유도한다. 경우에 따라서는 선생님들이 아는 것보다도 훨씬 다양하고 심도 있는 자료들이 올라오기도 하며, 이런 노트에서 도리어 선생님이 배울 수도 있다.

─개념 소개와 탐구 프로젝트

잘 모르는 내용이 있거나 새로운 것들에 대해 토픽을 만들고, 그에 대한 개념을 새롭게 정리하거나 추가적인 자료를 입력함으로써 다 같이 배울 수 있는 환경을 만든다.

─교실에서의 정보를 외부로 확산

공부한 내용을 해당 교실의 학생과 교수자에게만 귀속되도록 하지 않고 외부에도 확산시켜 공유할 수 있다.

─개별 평가 프로젝트

평가는 과거에 하던 방식대로 시험을 볼 수도 있지만, 프로젝트를 중심으로 내용 및 참여도를 학생들이 개별적으로 평가하고, 이들의 평가를 모아서 전체적인 평가를 내는 평가의 민주화를 이룰 수도 있다.

5. 교육과 호기심 두 마리 토끼를 한 번에 '레고 로봇 키트'

여러 사람이 함께하는 교육으로 빼놓을 수 없는 것이 레고를 활용한 교육이다. 레고가 '마인드스톰(Mindstorm)'이라는 로봇 기술을 아이들과 일반인들에게 보급한 지는 벌써 10년이 넘었다. 가격이 비싼 탓에 쉽게 보급되기에는 약간 무리가 있지만, 이들의 실험은 이후 MIT나 피츠코(Pitsco) 등과 같은 유수의 대학이나 기업과의 협업을 통해 더욱 다양한 교육용 키트로 발전하고 있다.

초등학생을 대상으로 하는 위두(WeDo) 세트는 마인드스톰과는 조금 다르다. MIT에서 개발된 '스크래치(scratch) 프로젝트'처럼 컴퓨터상에 그림으로 구성된 프로그래밍 인터페이스를 가지고 드래그 앤 드롭 방식으로 화면에 있는 블록을 움직여 원하는 모양을 다양하게 만들어 볼 수 있다. 그리고 화면상의 모양대로 실제로 블록을 조립한다. 반대로 손으로 블록을 이리저리 만들어 본 후 그 모양대로 화면에 설계도를 그려 볼 수도 있다.

이 세트에는 다양한 기어와 캠, 축과 같은 기초적인 부품들과 모터, 그리고 기울기와 모션을 감지하는 두 가지 센서가 포함되어 있으며, USB 허브도 갖추고 있다. 레고에서 제공하는 열두 가지 모델을 만들어 보는 것도 좋지만, 뭐니 뭐니 해도 이런 교육용 키트의 최대 장점은 아이들이 다양한 시도를 통해 자신만의 창작품을 만들어 보고 노하우를 공유할 수 있다는 것이다. 마인드스톰보다는 할 수 있는 범위가 작지만, 아이들에게 기계적인 역학의 개념과 간단한 프로그래밍을 익히게 만드는 데는 큰 도움이 된다. 부모도 이런 작업에 같이 참여하여 교육 효과를 더욱 높일 수 있다.

최근 레고의 교육용 키트 중에서 테트릭스(Tetrix)도 눈여겨볼 만하다. 금속 부품이 포함되어 있기 때문에 보다 전문적인 작업을 할 수 있어, 머지않아 레고로 장난감이 아닌 실제로 동작하는 어떤 것을 만들 수 있을지도 모르겠다.

국내에서도 최근 이런 다양한 스마트 도구들이 등장하고 있다. 지나치게 큰 비용이 들지 않는 한도 내에서는 연령대에 맞는 제품 중 사람들의 평가가 좋은 것들을 골라 부모가 아이들과 함께 작업한다면 창의력도 기르고, 교감하는 기회도 자연스럽게 만들 수 있다는 측면에서도 장점이 많은 방법이다.

6. 힙합을 이용해 과학을 전파하는 '사이언스 지니우스'

뉴욕의 힙합 그룹으로 우탕클랜(Wu-Tang Clan)이라는 친구들이 있다. 르자(RZA), 즈자(GZA), 메소드맨(Method Man), 래퀀(Raekwon) 등이 소속되어 있는데, 현재 최고의 힙합 그룹 중의 하나로 꼽힌다. 가상 현장학습이나 위키를 활용한 교육, 스마트 기술을 접목한 교육 등을 이야기하다가 갑자기 힙합을 이야기하는 것이 어색하게 느껴질 수 있지만, 아이들이 좋아하는 음악으로 교육을 바꿀 수 있다는 측면에서 또 하나 소개할 만한 사례다.

우탕클랜의 멤버인 GZA는 그들의 히트곡 중에서 "C.R.E.A.M(Cash Rules Everything Around Me)"이라는 곡을 개사해서 과학과 기술, 공학과 수학과 관련한 랩을 만들었다. 컬럼비아대학교 사범대학의 도시과학교육센터 교수인 크리스토퍼 엠딘(Christopher Emdin)은 GZA에게 아이들이 좋아하는 힙합을 이용해서 과학에 대한 인식을 바꾸자고 제안하였고, GZA가 제안을 흔쾌히 받아들이면서 시작되었다. 특히 소득이 낮고 과학과 기술에 대해 관심이 없는 아이들에게 이러한 방법으로 과학과 기술을 좋아하게 만드는 데 성공했다. 이들은 힙합을 이용해 과학을 전파하는 이 프로그램의 이름을 "사이언스 지니우스(Science Genius)"라고 명명했다.

초기의 실험이 성공하자, 이들은 뉴욕 시에 있는 열 곳의 고등학교와 파트너십을 맺고 보다 본격적인 작업에 들어갔는데, 특히 학교에서 자신을 제대로 표현하지 못했던 아이들에게 커다란 반응을 얻고 있다. 우리나라와는 문화적 차이가 있겠지만, 뉴욕의 고등학교 특히 흑인과 저소득층이 많은 곳에서 아이들이 자신의 의사를 표현하고 적극적으로 만드는 데 힙합만큼 좋은 도구가 없다고 한다. 힙합을 사랑하는 아이들은 교실에서도 자연스럽게 힙합을 통해 목소리를 낼 수 있었고, 여기에 교육적인 주제를 결합시켜서 효과를 보고 있는 것이다. 학교 교실에서 자연스럽게 랩 배틀이 벌어지는데, '사이언스 지니우스' 프로그램을 적용한 이후부터는 랩에 교육적인 요소가 들어가게 되었다.

실제 영상에서도 나오지만, 어른들은 이해하지 못하는 그런 문화가 있는 것은 분명하다. 그게 어떻게 가능하냐고 생각할지 모른다. 그런 재능을 실제 교육과 연결시키는 것이 나이 든 기성세대에게는 상상조차 어려운 것일 수도 있다. 하지만 KBS TV "개그콘서트"의 한 코너였던 "용감한 녀석들"의 랩에서처럼 젊은 세대는 분명히 다르다는 점을 인정한다면 충분히 생각해 볼 만한 부분이다. MBC 간판 예능프로그램인 "무한도전"에서 정형돈과 정준하가 랩과 노래로 문화재의 중요성과 정보를 알리고자 시도했던 것처럼 말이다.

아무리 의도가 좋아도 이런 노력이 결실을 맺기는 쉽지 않은 법. 이런 실험이 성공적으로 진행되고 있는 것에는 우탕클랜의 GZA의 도움이 절대적이었다. GZA는 10학년(한국의 고등학교 1학년에 해당)에 학교를 중퇴하였기에 배움에 대한 열망이 있었는데, 힙합으로 이것을 도울 수 있다는 믿음이 있었다고 한다. 그는 과학적인 개념을 신선하면서도 박자 감각이 있는 운율과 결합시킨다면 충분히 가능성이 있다고 생각했다. 그가 이런 생각을 하게 된 데는 어려서부터 과학을 사랑했던 그의 취향과도 관련이 있다. 어찌 보면 전혀 관련 없어 보이고, 사뭇 이질적으로까지 생각되는 과학과 힙합. 이들의 아름다운 만남이 어쩌면 미래 교육과 관련해서도 중요한 교훈을 전달해 주는 듯하다.

학교에서 창의적인 교육에 어려움을 겪는다는 이야기를 많이 듣는다. 방법을 찾고 적용하려는 선생님들도 어려움이 많겠지만, 이러한 새로운 시도로 아이들에게 생각보다 커다란 능력을 발휘하게 할 수 있다. 아이들에게 과학과 기술, 그리고 공학의 기초적인 개념을 이해하고, 이를 통해 자신들이 생각한 것을 직접 만들어 보고, 이를 동작시키는 즐거움을 맛보게 한다면, 그리고 윤미래와 타이거JK, GD, 리쌍 등의 스타들과 함께 우탕클랜의 GZA가 했던 음악과 교육을 엮어 보는 프로젝트를 진행시켜 보면 어떨까? 공부와 교육에 대한 어른들과 아이들의 생각이 열리는 계기를 이런 작은 것들에서 만들어 갈 수도 있지 않을까?

7. 스토리로 꿈과 인성을 만드는 '스토리 창의 교육'

교문에 들어서면 친한 친구는 물론 서먹한 다른 반 친구나 선후배, 선생님과도 하이파이브 인사가 시작된다. 평소 어색하게 지나쳤던 이들이었지만, 이제는 눈을 마주치는 사람과는 무조건 하이파이브 인사를 나누다 보니 학교 분위기는 물론 학생들의 표정도 눈에 띄게 밝아졌다.

이는 서울 및 경기 일부 고등학교에서 시행되고 있는 '스토리(Stori) 창의 교육'의 한 내용이다. 이 프로그램은 학교폭력과 왕따 문제 등 학교로부터 들려오는 부정적인 소식에 대한 고민에서 시작되었다. 필자를 중심으로 한 몇몇 사람들은 세미나 및 강연 등을 통해 미래 교육 방향을 고민해 왔는데, 핵심은 '비전'과 '인성'이라는 데 의견을 함께했다. 이를 어떻게 학교 교육에 접목시킬 것인가에 대한 다양한 시도가 이루어졌는데, 교육전문가 황필권 씨는 이를 '스토리 창의 교육'으로 기획하게 된 것이다.

2010년 방영된 MBC 다큐멘터리 "대한민국, 창의 국가로 거듭나라"에서는 초등학생들의 상상에서 시작된 재미있는 교실이 소개되었다. 바로 영국 트렌스시에 있는 킹스초등학교 학생들의 이야기다. 이 학생들이 공부하는 곳은 다름 아닌 비행기 안이다. 수업 과정도 특별하다. 선생님이 아닌 아이들끼리 컴퓨터를 이용해 수업 주제에 대한 정보를 찾고 프레젠테이션을 하면서 스스로 수업을 진행한다. 종종 낯선 손님들도 초대된다. 지역 예술가들이 참여해 학생들의 활동을 지원하고 높은 수준의 결과물을 만들 수 있도록 돕는 것이다.

이 비행기 교실은 2학년이었던 한 학생이 공항에서 비행기를 보고, 비행기를 학교로 가져와 교실로 쓰고 싶다고 생각한 데서 시작되었다. 이런 생각을 공유한 해당 학교 6학년 학생들은 시청을 찾아가 비행기를 학교로 가져와도 된다는 허가를 받았다. 5학년 학생들은 온라인 경매 사이트를 통해 과거 여객기로 사용되었던 비행기를 직접 골라 학교로 배송을 요청했다. 4학년 학생들은 인터넷을 통해 영국의 축구 스타 데이비드 베컴의 전용기를 디자인한 디자이너에게 연락하였고, 그는 학교로 와 교실 내부를 무료로 바꾸어 주었다. 아이들의 상상력이 현실이 되는 교육의 현장, 아이들이 주체가 되어 바꾸어 가는 학교의 모습이 멋지지 않은가.

다니엘 핑크가 언급한 미래 인재의 여섯 가지 조건 중 하나는 바로 '스토리'다. 여느 베스트셀러의 제목처럼 '스토리가 스펙을 이기는' 시대가 오는 것이다. 목적 없는 열정은 희망이 없다. 그러나 목적은 타인에 의해서가 아니라 학생 스스로 찾아야 공부의 과정도, 몰입도, 융합도 이루어질 수 있다.

'스토리 창의 교육' 프로그램의 내용은 다소 일반적이다. 하지만 이 프로그램의 기획자 황필권 씨는 "안 해 보면 그대로지만 해 보면 달라지고 확장된다"고 말한다. 답을 알고 있는 것은 중요하지 않다. 이를 실제로 적용했는가에 성공이 달려 있다. 학생 스스로 자신의 꿈을 고민하는 시간을 갖게 하고, 비슷한 학생끼리 모여 협업하면서 인성의 중요성을 체험하게 하는 것이다.

스토리 창의 교육은 선진국을 중심으로 한 미래 교육에 대한 시도만큼 혁신적이지는 않지만, 오히려 기존의 학교 교육과 병행하여 시행되기 때문에 갑작스런 변화에 대한 거부감이 적고 방과 후나 주말, 방학을 이용해 시행되므로 학원과 학원을 맴돌며 지적 능력만 강요받던 학생들에게 협업을 통한 인성 훈련의 시간을 학생들의 눈높이에 맞춰 선물한다.

서울 동작고등학교에서 겨울방학 동안 이루어진 '판타스틱 리더십' 프로그램을 통해 학생들 사이에 자발적인 움직임이 일어났다. 학생들은 '아이디어를 실현하자'라는 모토를 가지고 PMC(People Making Change)라는 자체 모임을 만들었다. 매주 정기적인 모임을 통해 자신들의 아이디어를 발표하고, 이 아이디어를 함께 실천할 친구들을 모집하여 세부 계획을 세운다. 기획과 회의, 실행 그리고 피드백하는 과정을 반복하면서 학생들은 다양한 프로젝트를 진행하였는데, 등굣길에 학생들의 피로를 풀어 주고 희망을 불어넣어 주기 위한 하이파이브 프로젝트, 헌혈 활동을 독려하기 위해 시행된 한 방울 프로젝트, 스마트폰 중독을 끊고 자유로워지기 위해 시도한 스마트폰과 멀어지기 프로젝트, 영화 속 등장인물의 성격과 심리를 분석하여 자신의 정서를 돌아보자는 영화 프로젝트와 같이 그다지 거창하거나 대단하다고는 할 수 없지만 자발적인 참여를 통해 작지만 무엇인가를 변화시켜 나가는 의미있는 프로젝트들이다.

놀라운 것은 점점 더 많은 학생들이 자신만의 프로젝트를 기획하고 실행하는 데 도전하고 있다는 것이다. 이러한 시도는 개개인의 삶과 학교를 조금씩 바꿔 나가고 있다. 작은 기획이라도 학생 스스로 주도하여 실행하는 것은 동기부여뿐 아니라 협업의 중요성을 이해시키는 데 효과적이다.

이러한 스토리 창의 교육을 실시한 학교 학생들 간에 SNS나 블로그 방문 등을 통해 소통이 이루어지고 있는 점도 흥미롭다. 서로를 격려하고 아이디어를 공유하면서 학교 간의 연결고리 역할을 해내는 것이다. 물론 아직은 미약하지만 이는 새로운 공교육 현장의 변화에 대한 가능성을 엿보게 한다.

미래 교육은 우리 모두의 숙제다. 기술이 발전할수록 인성이 중요해지고, 개인의 지적 수준이 향상될수록 협업이 중요해지는 아이러니한 미래가 우리 앞에 펼쳐진다. 디지털 네이티브 세대에게 지식은 누구나 어디서나 얻을 수 있는 보편적인 것이기에, 미래에는 지적 능력보다 정보와 정보를 엮고 사람과 사람을 이어 제3의 아이디어, 융합을 이루어 내는 네트워크 역할이 중요해진다. 그래서 미래의 핵심 가치 중 하나가 '인성'이 되는 것이다.

  인성은 만들어지는 것이다. 인성은 다른 누군가의 강요가 아닌 주체적으로 이끄는 과정을 통해 형성된다. 다음 세대를 위해 현 세대가 할 수 있는 최선의 노력은 행복할 수 있는 물리적, 정서적 환경을 만들어 주는 것이다. 미래는 행복한 사람의 것이다. 우리 아이들에게 행복을 선물하기 위한 고민이 시작되어야 한다.

  미래와 관련한 여러 가지 이야기 중에서 가장 많이 인용하는 "미래는 예측하는 것이 아니라, 창조하는 것이다"라는 말이 있다. 이 말을 한 사람이 여럿 있지만, 그중에서도 가장 유명한 사람은 피터 드러커다. 피터 드러커는 언제나 가까운 미래의 그림을 그리고, 그에 대처하기 위한 다양한 해법을 미리 제시하고 이야기하였는데, 그것이 그가 경영학자를 넘어선 세계적인 석학으로 자리 잡게 만드는 데 일조하였다. 이 책에서 나는 가까운 미래의 세상에 대한 그림과 그런 세상이 필요로 하는 인재상, 그리고 국내외의 다양한 사례와 석학들의 글과 강연 등을 엮어서 소개하면서 미래를 대비하기 위한 교육의 올바른 방향성을 제시하고, 우리가 해야 할 일들을 정리하고자 노력하였다.

  그렇지만 정말로 우리가 그리는 미래를 준비하기 위한 제일 좋은 방법은 단순히 예측하고 무엇을 할 것인지 계획을 세우는 것이 아니라, 작은 실천을 지금 당장 하는 것이다. 바라보는 미래가 비슷하고, 그런 미래를 만들기 위해서 자신이 할 수 있는 범위 내에서 실천하는 사람의 수가 점점 많아진다면, 세상은 그들이 그려 낸 미래의 모습으로 바뀌게 될 것이다. 책을 덮기 전에 지금 당장 부모로서, 선생님으로서, 그리고 학생으로서 미래를 준비하기 위해 무엇을 하는 것이 좋을지 생각해 보자. 그리고 지금 할 수 있는 것은 바로 실천해 보자. 실천이 따르지 않는 미래에 대한 전망은 공허한 것이다.

EPILOGUE
지금의 '정답'이 통하지 않는 미래 함께 준비해야 한다

　최근 창조경제에 대한 논의가 한창이다. 갑자기 창조경제에 대한 이야기를 꺼낸 것은 박근혜 정부가 이야기하는 창조경제 패러다임이 결국에는 지금까지 이어져 온 산업사회의 원리와는 정반대되는 속성을 가지고 있기 때문이다. 달리 표현하면, 창조경제는 거대한 변화에 대한 이야기이기 때문에 단기간에 성과를 내기는 쉽지 않을 것이다. 도리어 미래의 변화에 선제적으로 대응하고, 우리 아이들이 변화된 미래에 적응할 수 있도록 만드는 것이 가장 중요하다고 할 수 있다. 그런 측면에서 미래의 모습을 항상 그려 보고, 그에 대비한 교육 방법에 대해 고민해서 아이들과 미래를 같이 만들어 가는 것은 어쩌면 어른들의 가장 중요한 책무다.

　지금까지 전통적인 인재상은 '성실하고 정답을 잘 맞추는 사람'이었다. 그러나 다가오는 미래가 요구하는 인재상은 '창조적인 괴짜'에 더 가깝다. 안타깝게도 우리나라의 교육 시스템은 아직도 정답을 신봉하며, 학생들로 하여금 틀리는 것을 두려워하게 만들고 있다. 가장 마음이 아팠던 것은 내 아이의 친한 친구가 시험을 보고 '한 개 틀렸다'면서 고민하더란 이야기다. 그 아이의 엄마는 기대치가 높아서 언제나 100점을 요구하며, 그러지 못했을 때 크게 실망하고 질책한다고 했다. 무엇이 우리 부모들을 이렇게 만든 것일까? 아이들을 성적의 노예로 만들고 있는 것은 과연 무엇인가? 이것은 부모들만의 문제가 아니다. 안정된 취직 자리만을 숭배하게 만드는 사회 시스템, 연공서열화되어 있는 회사와 대학, 모든 것을 통제하고 획일화시키는 학교, 관용보다는 질책을 우선하는 우리 사회의 벌주는 문화가 모두 여기에 책임이 있다.

아이들이 가지고 있는 창조성과 도전 정신을 좌절시키는 현재의 교육으로는 다가오는 미래를 준비할 수 없다. 지나치게 안정을 추구하며 창조적인 도전을 두려워하고, 부모가 아이들의 도전을 뜯어말리는 이 시스템에 변화를 가져올 때가 되었다. 미래에는 정답 중심의 교육이 아닌, 문제를 찾아내고 어떻게 창의적으로 문제를 해결할 수 있는가를 알려 주는 그런 교육이 필요하다. 그리고 실패를 거울삼아 끊임없이 도전할 수 있는 문화가 만들어져야 한다.

다행히 이 책의 말미에서 소개한 '스토리'와 같이 미래를 위한 새로운 교육을 시도하는 자발적인 움직임들이 우리나라에서도 조금씩 일어나고 있다. 필자는 미래학자를 자처하고 일부에서도 그렇게 인정하고 있지만, 여타의 사회학 기반의 전통적인 미래학자는 아니며, 그렇게 인지되고 싶지도 않다. 내가 추구하는 미래학은 약간 개념이 다르기 때문이다. 미래를 예측하고 잘 맞추는 것이 중요한 것이 아니라, '비교적 가까운 미래의 그림을 구체적으로 그려 주고, 그 미래에 대한 공감대를 많이 형성하는 것이 중요하다'고 믿는 것이 필자가 생각하는 미래학의 가치다. 그렇기 때문에 보다 많은 사람이 공동으로 생각하는 바람직한 미래상을 바탕으로 우리가 함께할 수 있는 것을 생각하고 실천하자는 것이다.

이 책을 쓰게 된 동기도 단순한 '미래의 교육'에 대한 이야기와 전망을 하기 위한 것이 아니다. 이 책을 읽고 단 한 사람의 부모, 선생님, 학생들이 자신의 생각을 바꾸고, 작은 실천을 하게 된다면 그것으로 이 책을 쓴 목적은 달성된 것이다. 그렇지만 되도록 더 많은 사람들에게 이 이야기가 전파되고, 자신들의 경험을 이야기하고 공유하면서 동조하는 사람들이 점점 많아진다면, 이 책에서 이야기한 미래는 더 이상 미래가 아니라 현재가 될 것이다. 그러므로 어찌 보면

이 책은 '현재의 교육'에 대한 이야기다. 궤변이라고 생각하거나 말거나 말이다.

　마지막으로 이 책을 쓰는 데 도움을 주신 많은 분들에게 감사의 말을 전하고 싶다. 무엇보다 언제나 바쁜 남편과 아버지를 응원해 주는 사랑하는 아내 서가원과 아이들 정선우, 정민서에게 이 책을 전하고 싶다. 바쁜 외부 일정으로 많은 시간을 같이 하지 못하지만 꿋꿋하게 열심히 일하고 있는 명지병원 IT융합연구소의 황인정 박사와 김소현 연구원, 그리고 이왕준 이사장님을 비롯한 명지병원 식구들에게도 감사의 말을 전한다. 카이스트 문화기술대학원의 이동만 원장님과 우운택 교수님, 그리고 여러 교수님들과 학생들도 필자가 이 책을 쓰는 데 많은 영감을 주었다. 또한 필자가 관여하고 있는 여러 스타트업 기업의 젊은 CEO들과 직원 모두에게도 감사의 말을 전한다. 특히 필자의 교육 철학을 공교육 시스템에 접목하기 위해 실질적인 실천을 하고 있는 '스토리'의 황필권 군과 미래에 대한 철학을 공유하고 항상 심도 있는 이야기를 나누었던 퓨처디자이너스의 최형욱, 송

인혁, 장인형, 최재규, 이유진, 박다혜 님에게 특별한 감사를 드린다. 그 밖에 지면을 빌어 감사의 말을 전하지 못한 수많은 분들에게 전하고 싶다. 이 책도 결국은 많은 이들이 나누어 준 지식과 지혜에 의해서 만들어진 '협업'의 산물이라고 말이다.

BIBLIOGRAPHY
참고문헌

Part 1

니콜라스 네그로폰테 저, 백욱인 역,《디지털이다》, 커뮤니케이션북스, 1999

다니엘 핑크 저, 김명철 역,《새로운 미래가 온다》, 한국경제신문, 2012

다니엘 핑크 저, 석기용 역,《프리에이전트의 시대》, 에코리브르, 2004

윌리엄 미첼 저, 이희재 역,《비트의 도시》, 김영사, 1999

클레이 셔키 저, 이충호 역,《많아지면 달라진다》, 갤리온, 2011

토니 셰이 저, 송연수 역,《딜리버링 해피니스》, 북하우스, 2010

Amar Toor, "Lost Your Job? Blame the Robots, MIT Economist Says", *Huffpost Tech*, 2010(http://www.switched.com/2010/10/18/lost-your-job-blame-the-robots-david-autor-says/)

Bill Davidow, "Will Low Tech Solve the Jobs Crisis?", *The Atlantic*, 2012.04(http://www.theatlantic.com/business/archive/2012/04/will-low-tech-solve-the-jobs-crisis/256128/)

Clayton M. Christensen, "How Will You Measure Your Life?", *Harvard Business Review*, 2010.07(http://hbr.org/2010/07/how-will-you-measure-your-life/ar/1)

David Autor, "The Polarization of Job Opportunities in the U.S. Labor Market", *MIT Department of Economics and National Bureau of Economic Research*, 2010(http://economics.mit.edu/files/5554)

David Talbot, "'Tectonic Shifts' in Employment", *MIT Technology Review*, 2011(http://www.technologyreview.com/review/426436/tectonic-shifts-in-employment/)

Heather Stewart, "Cut the working week to a maximum of 20 hours, urge top economists", *Guardian*, 2012.01.08(http://www.guardian.co.uk/society/2012/jan/08/cut-working-week-urges-thinktank)

Jessica Guynn, "Silicon Valley status symbols emphasize mind over material", *LA Times*, 2011.06.18(http://articles.latimes.com/2011/jun/18/business/la-fi-silicon-status-20110618)

Megan Erickson, "Goodbye, Knowledge Workers. Hello, Insight Workers!", *Big Think*, 2011.10(http://bigthink.com/think-tank/goodbye-knowledge-workers-hello-insight-workers)

Mortimer Zuckerman, "A Part-Time, Low-Wage Epidemic", *Wall Street Journal*, 2012.11.05(http://online.wsj.com/article/SB10001424052970203707604578094601253124258.html)

Oliver Segovia, "To Find Happiness, Forget About Passion", *Harvard Business Review*, 2012.01(http://blogs.hbr.org/cs/2012/01/to_find_happiness_forget_about.html)

Sonja Lyubomirsky, "Can Money Buy Happiness?", *Scientific American*, 2010(http://www.scientificamerican.com/article.cfm?id=can-money-buy-happiness)

Will Marshall, "Labor and the Producer Society", *Progressive Policy Institute*, 2011(http://progressivefix.com/wp-content/uploads/2011/08/08.2011-Marshall_Labor-and-Producer-Society.pdf)

Hole-in-the-Wall 프로젝트 홈페이지(http://www.hole-in-the-wall.com)

수가타 미트라, 2010 TED 강연, "스스로를 교육하는 법에 대한 새로운 실험" (http://www.ted.com/talks/sugata_mitra_the_child_driven_education.html)

Part 2

다니엘 핑크 저, 김명철 역, 《새로운 미래가 온다》, 한국경제신문, 2012

말콤 글래드웰 저, 노정태 역, 《아웃라이어》, 김영사, 2009

프란스 요한슨 저, 김종식 역,《메디치 효과》, 세종서적, 2005
Robert Fabricant, "Frog Design: 3 Things Wile E. Coyote Teaches Us About Creative Intelligence", *Co.Design*, 2011.04.12(http://www.fastcodesign.com/1663604/frog-design-3-things-wile-e-coyote-teaches-us-about-creative-intelligence)
John Hagel III and John Seely Brown, "Abandon Stocks, Embrace Flows", *Harvard Business Review*, 2009.01(http://blogs.hbr.org/bigshift/2009/01/abandon-stocks-embrace-flows.html)
Tom Foremski, "The culture of Silicon Valley And Burning Man", *ZDnet*, 2010.08.31(http://www.zdnet.com/blog/foremski/the-culture-of-silicon-valley-and-burning-man/1477)
Ethan Zuckerman, "The 21st Century MVP: Bridge Personalities Who Happily Span Cultures", *Co.Design*, 2011.01.24(http://www.fastcodesign.com/1663081/the-21st-century-mvp-bridge-personalities-who-happily-span-cultures)
"The Creativity Crisis", *Newsweek*, 2010.07.10(http://www.thedailybeast.com/newsweek/2010/07/10/the-creativity-crisis.html)

Part 3
요한 하위징아 저, 이종인 역,《호모 루덴스》, 연암서가, 2010
켄 로빈슨, 루 애로니카 저, 승영조 역,《엘리먼트》, 승산, 2010
The Living and Learning with New Media, University of California Humanities Research Institute, 2009(http://digitalyouth.ischool.berkeley.edu/files/report/digitalyouth-WhitePaper.pdf)
Carrie Arnold, "Low-Grade Science: Primary School Students Conduct and Publish a Study on Bees", *Scientific American*, 2010.12.21(http://www.scientificamerican.com/article.cfm?id=low-grade-science-primary-school)
Cheryl Olson, "8 Reasons Video Games Can Improve Your Child",

Parent (http://www.parents.com/kids/development/benefits-of-videogames/)

Jeff Danna, "Students, staff share their passions during Spartans Connect day at Glenbrook North", *Triblocal*, 2012.03.14(http://triblocal.com/northbrook/2012/03/14/students-staff-share-their-passions-during-spartans-connect-day-at-glenbrook-north/)

Jenara Nerenberg, "Indonesia's Organic "Learning Farm" Offers Street Kids a Path Toward Jobs", *Fast Company*, 2011.01.27(http://www.fastcompany.com/1720867/indonesias-organic-learning-farm-offers-street-kids-path-toward-jobs)

Sara Corbett, "Learning by Playing: Video Games in the Classroom", *New York Times*, 2010.09.19(http://www.nytimes.com/2010/09/19/magazine/19video-t.html?pagewanted=1&_r=2)

Scott Steinberg, "Why Video Games Are Good For You", *The Modern Parent' Guide*(http://www.parentsguidebooks.com/Why%20Video%20Games%20are%20Good%20for%20Kids%20and%20Parents.pdf)

Learning Farm 홈페이지(http://thelearningfarm.com)

Young Makers 홈페이지(http://www.theyoungmediamakers.org)

Quest to Learn 홈페이지(http://q2l.org)

게버 툴리, 2009 TED 강연, "만들기를 통해 보여 주는 인생의 교훈"(http://www.ted.com/talks/lang/ko/gever_tulley_s_tinkering_school_in_action.html)

스튜어트 브라운, 2009 TED 강연, "재미를 넘어서서 꼭 필요한 놀이"(http://www.ted.com/talks/lang/ko/stuart_brown_says_play_is_more_than_fun_it_s_vital.html)

카메론 헤럴드, 2010 TED 강연, "아이들을 기업가로 키웁시다"(http://www.ted.com/talks/lang/ko/cameron_herold_let_s_raise_kids_to_be_entrepreneurs.html)

Part 4

니콜라스 카 저, 최지향 역, 《생각하지 않는 사람들》, 청림출판, 2011
돈 탭스콧 저, 이진원 역, 《디지털 네이티브》, 비즈니스북스, 2009
리처드 왓슨 저, 이진원 역, 《퓨처마인드》, 청림출판, 2011
마사 누스바움 저, 우석영 역, 《공부를 넘어 교육으로》, 궁리, 2011
Children's Future Requests for Computers and the Internet, Latitude Research, 2010(http://latd.tv/kids/kidsTech.pdf)
Effective assessment in a digital age, JISC report, 2010(http://www.jisc.ac.uk/media/documents/programmes/elearning/digiassass_eada.pdf)
Evaluation of Evidence-Based Practices in Online Learning, U.S. Department of Education, 2010.10(http://www2.ed.gov/rschstat/eval/tech/evidence-based-practices/finalreport.pdf)
Dave Roos, "How Net Generation Students Learn and Work", *How Stuff Works*, 2008.05.05(http://people.howstuffworks.com/how-net-generation-students-work.htm)
Neil Selwyn, "Reconsidering Political and Popular Understandings of the Digital Divide", *New Media & Society*, 2004.06
Trung Le, "The End of Education Is the Dawn of Learning", *Co.Design*, 2010.09.23.(http://www.fastcodesign.com/1662358/the-end-of-education-is-the-dawn-of-learning)
Dream School 프로젝트 홈페이지(http://projectdreamschool.org/)
리즈 콜먼, 2009 TED 강연, "인문학 교육의 혁신을 촉구하다"(http://www.ted.com/talks/lang/ko/liz_coleman_s_call_to_reinvent_liberal_arts_education.html)

Part 5

켄 로빈슨, 루 애로니카 저, 승영조 역, 《엘리먼트》, 승산, 2010
Tony Wagner, *Creating Innovators: The Making of Young People Who Will Change the World*, Scribner, 2012

Thomas L. Friedman, "Need a Job? Invent It", *New York Times*, 2013.03.31(http://www.nytimes.com/2013/03/31/opinion/sunday/friedman-need-a-job-invent-it.html)

Vicki Davis, "How I use wikis. What do you do?"(http://coolcatteacher.blogspot.kr/2006/08/how-i-use-wikis-what-do-you-do.htm)

LEARNZ 홈페이지(http://www.learnz.org.nz)

레고 Education 홈페이지(http://www.legoeducation.us)

"GZA, Science Genius 12.12.12 Speech"(http://rapgenius.com/Gza-science-genius-121212-speech-lyrics)

"Songs for Biology: Students Write Hip-Hop to Learn Science", PBS 비디오(http://video.pbs.org/video/2362269145/)

뷰 로토, 에이미 오툴, TED 2012 글로벌 강연, "과학은 아이들을 포함해서 모든 사람들의 것이다"(http://www.ted.com/talks/beau_lotto_amy_o_toole_science_is_for_everyone_kids_included.html)

켄 로빈슨, TED 2006 강연, "학교가 창의력을 죽인다"(http://www.ted.com/talks/lang/ko/ken_robinson_says_schools_kill_creativity.html)

내 아이가 만날 미래

1판 1쇄 2013년 7월 15일 발행
1판 12쇄 2021년 5월 20일 발행

지은이 · 정지훈
펴낸이 · 김정주
펴낸곳 · ㈜대성 Korea.com
본부장 · 김은경
기획편집 · 이향숙, 김현경
디자인 · 문 용
영업마케팅 · 조남웅
경영지원 · 공유정, 마희숙

등록 · 제300-2003-82호
주소 · 서울시 용산구 후암로 57길 57 (동자동) ㈜대성
대표전화 · (02) 6959-3140 | 팩스 · (02) 6959-3144
홈페이지 · www.daesungbook.com | 전자우편 · daesungbooks@korea.com

ⓒ 정지훈, 2013
ISBN 978-89-97396-24-5 (03370)
이 책의 가격은 뒤표지에 있습니다.

Korea.com은 ㈜대성에서 펴내는 종합출판브랜드입니다.
잘못 만들어진 책은 구입하신 곳에서 바꾸어 드립니다.

이 도서의 국립중앙도서관 출판시도서목록(CIP)은 e-CIP
홈페이지(http://www.nl.go.kr/ecip)에서 이용하실 수 있습니다.
(CIP제어번호: CIP2013009958)